JN126861

夢をかなえる教科書

トップアスリートに学ぶ39のヒント

文化工房

目次

第3章　プレッシャーに打ち勝つには

第4章 人として成長するには

Dream Challenger

Second Stage ―Next Starたちのその後―

大正製薬
アスリートにとって、トレーニングは、
汗を流すことだけじゃない。
鍛え抜いた身体をしっかりと休め、
明日も全力で戦えるよう整えることも、
最高の結果の為には必要だ。
リポビタンDは、
アンチドーピング認証を
取得しています。
INFORMED
WE TEST・YOU TRUST
CHOICE
インフォームドチョイス
指定医薬部外品
疲労回復・栄養補給
リポビタンD
大正製薬株式会社
アスリートが飲むことができる栄養ドリンク。
リポビタンD
指定医薬部外品 疲労回復 〈用法・用量〉15才以上 1日1回1本

リポビタンDpresents

Dream Challenger 夢に挑む者たち

2018年4月よりテレビ朝日で放送を開始した
「Dream Challenger ～夢に挑む者たち～」。

スポーツ界の未来を担う若きアスリートたちは、大きな夢をつかむために
努力するなかで、さまざまな壁にぶつかり、悩みを抱えることも……。
夢に向かって挑戦を続ける、そんな"Next Star"の悩みに対し、
「Dream Challenger」では、スポーツ界のレジェンドたちが
金言を授け、そのステップアップを後押ししてきました。

本書では、番組が2020年3月に放送100回を迎えたことを記念し、
これまで放送してきた中から、アスリートに限らず多くの人にとっての
"夢をかなえるヒント"となる金言をご紹介します。

大事な場面で
集中力を高める方法は？

NEXT STAR
QUESTION

Q

才能あふれる
次世代のスターたちが質問

&

A

LEGEND
ANSWER

スポーツ界のレジェンドたちが
夢への“金言”を授ける

毎週土曜日よる11時10分～　テレビ朝日にて絶賛放送中！

詳しくは番組公式ホームページをチェック
https://www.tv-asahi.co.jp/dream_challenger/

番組公式ツイッター
@dream0_dream0

Message

レジェンドからNext Starへ贈られる「金言」には〝人生のヒント〟がたくさん詰まっている

憧れのスター選手からアドバイスをもらえたら、どんなにうれしいだろう。そして、その言葉がこの先の競技人生における、道しるべとなってくれたら……。

そんな想いを胸に、ラグビーや世界野球プレミア12などでアスリートをサポートする大正製薬とテレビ朝日がタッグを組み、〝スポーツ愛〟を届けるべくスタートした番組が「Dream Challenger ～夢に挑む者たち～」です。

これまで番組では、制作にあたって、スポーツ界のレジェンドたちが発する〝言葉の力〟を大切にしてきました。驚かされるのは、一流アスリートは〝技術〟だけではなく、〝話術〟も一流だということ。わかりやすく丁寧な説明に加え、多くの困難を乗り越えてきたからこその言葉には、とても重みを感じます。日常においても通じるところがあり、スタッフも「ハッ」と気づかされることが多くあります。

番組を見る上では、レジェンドたちの表情にも注目してほしいと思います。若きアスリートからの質問メッセージを見つめる優しいまなざしから一転、インタビュー中に見せる真剣な表情は、まるで競技本番さながら。〝本気で伝えたい〟という、強い想いを感じる瞬間です。

また出演してくれたNext Starたちからの、「壁を乗り越えるきっかけを得られました」「さっそく実践して結果が出ました」といった報告も、番組作りにおいて大きな励みになっています。今後もレジェンドたちの想いを、言葉に乗せて届けていきたいと思います。

最後に、この書籍に載っている数々の「金言」は、決してレジェンドとNext Star、２人だけのものではありません。私たちにとっても、生きていく上でのヒントがたくさん詰まっています。あなたにとって、人生の道しるべとなるような言葉がきっと見つかるはずです。

テレビ朝日「Dream Challenger ～夢に挑む者たち～」制作チーム

第1章

目標達成に必要なこと

第 1 章

目 標 達 成 に 必 要 な こ と

明らかに極める

PROFILE

中山雅史（なかやままさし）サッカー選手、サッカー解説者。1967年静岡県生まれ。「ゴン中山」の愛称で親しまれる。ジュビロ磐田でキャプテンを務め、Jリーグにおいて数々の記録を樹立。日本代表としてもワールドカップに出場。2012年に一度一線を退きサッカー解説者となるが、2015年にJFLアスルクラロ沼津で現役復帰した。

サッカー

日本サッカー界が誇る魂のストライカー

中山 雅史

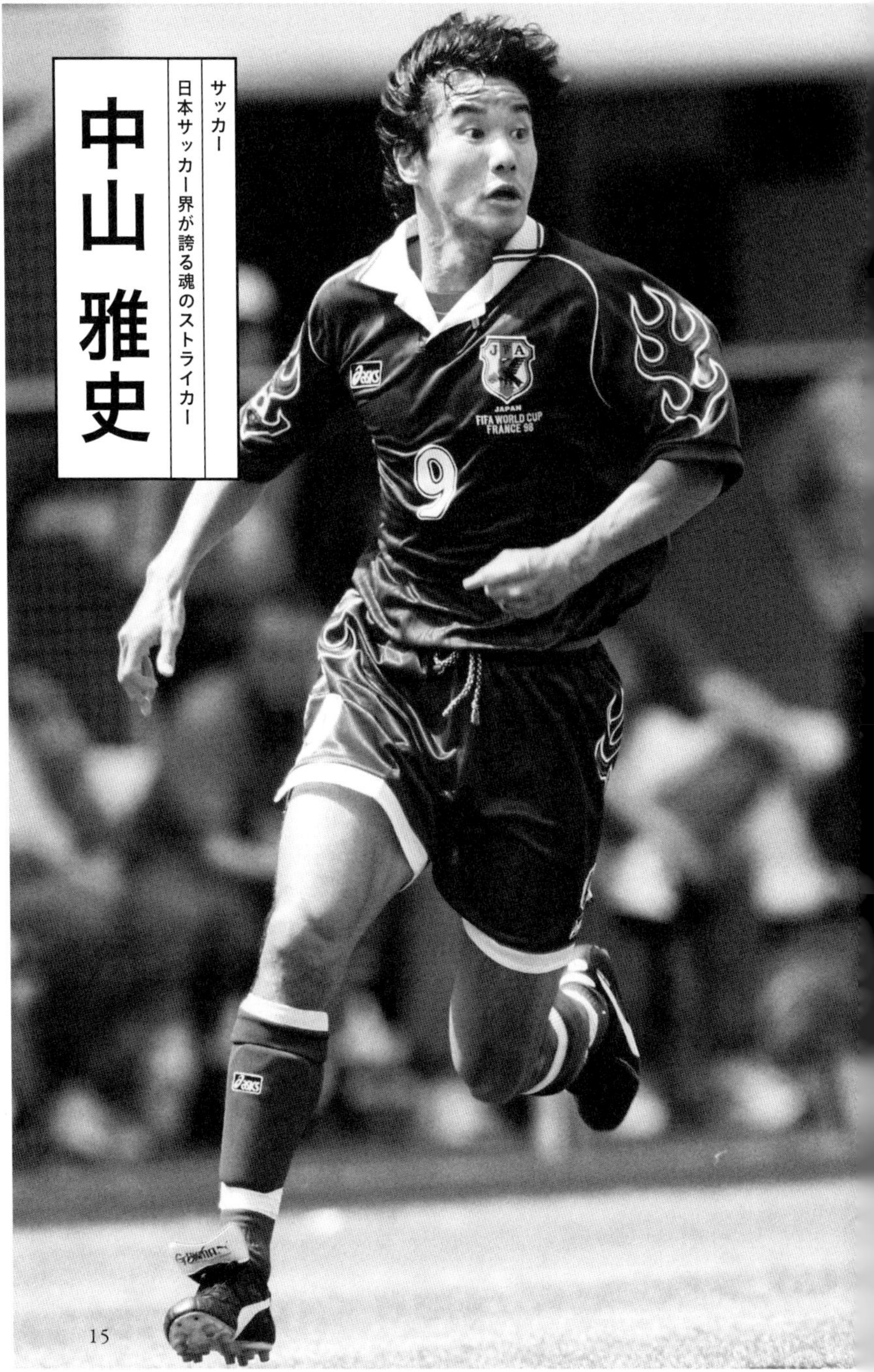

クライミング
大場 美和

若きアスリートからの質問

**私は現役を長く続けていきたいのですが
モチベーションを保ち続けるために
大切なことは何ですか？**

スポーツクライミングでユース年代から日本代表で活躍し、現在はプロクライマーとして活動する大場美和は、これから長く現役を続けていくなかで、どうやって競技と向き合い、高いモチベーションを保ち続けていけばいいのかを悩んでいる。

Profile

大場美和（おおばみわ）プロクライマー。1998年愛知県生まれ。9歳からクライミングを始める。完登コース数を競うボルダリングを得意とし、2015年に日本代表入り。現在は、自然岩のクライミング活動に軸を置く。

サッカー
中山 雅史

レジェンドからの金言

明らかに極める

一番大切なのは、**自分がやっている競技を愛すること**。本当に好きでやっていれば、「どうすればモチベーションを保ち続けられるか」を考える必要はないはずです。その競技が好きなこと、愛し続けることがモチベーションになると僕は思う。

誰でも、競技を続けていると、いろいろな壁にぶつかることがある。僕だって、そう。

もし、**「ああ、苦しいな……もうやめてしまおうか」と思うようなら、そんなときには、やめちゃえばいい！**

あきらめるという言葉はネガティブな意味で使われることが多いけど、仏教用語では、「あきらめる」とは「**明らかに極める**」ということだと聞いたことがある。この言葉を聞いたときに僕は、**あきらめるためには、「明らかに極めた」と思える境地までいかなければいけない**と思ったんです。

僕の場合は、まだまだ自分自身を「明らかに極める」ことができていない。だから、まだサッカーをやめることができないでいます。「明らかに極める」ところまでいきたいと思うから、そこにたどり着くまでは、日々挑戦。毎日毎日、自分に何かを課さなきゃいけない。

僕だって、単調できつい練習は嫌。正直、へこたれそうなときもあります。でも、「これを乗り越えたら、もっと強い自分ができあがるんじゃないか」という期待があるから、苦しくても頑張れる！　**「明らかに極める」ために日常を送れば、モチベーションは勝手に上がっていく**んじゃないかな。成長できる可能性があるのなら、挑戦していこう。

目標や目的に挑み続けることはモチベーションを維持すること

1967年9月生まれの中山は、今年で53歳になる。今も彼が現役選手だと聞いて、驚く人も多いだろう。1歳年上には同じ日本代表で戦った三浦知良がいるものの、50代になって現役選手としてプレーすることは並大抵のことではない。

現在、サッカー解説者として活動しながら、Jリーグ3部のプロサッカーチーム「アスルクラロ沼津」に2015年から所属している中山。本人も「現役選手としての生活はなかなか大変で、自分があるレベルに達しているかどうかを推し量るのは難しい。しょっちゅう、〝なんて未熟なんだろう……〟と感じる」と語っているように、解説者とアスリートの両立には、当然困難が伴う。それでもサッカーをあきらめないのは、まだ自分自身の中で「明らかに極める」ことができていないからだ。

中山は、「苦しいことやつらいことを乗り越えたい、克服したいという気持ちが新しいモチベーションになるのなら、それを胸に挑めばいい」とも語っている。彼が今でもプロとして現役続行していることからもわかるように、「挑み続けること＝モチベーションを維持すること」に年齢は関係ない。何かの目標や目的に挑み続ける気持ちを持ってさえいれば、高いモチベーションをいつまでも保つことができるのである。それはスポーツという限られたジャンルだけでなく、仕事に置き換えても同じことが言えるだろう。

「いつも強い気持ちでいられるかというと、そうじゃない。でも、自分にはまだ可能性が残されていると考えながら、トレーニングを続けている」

「明らかに極めた」と思える境地まで、自らの仕事に取り組み続ける。自分自身に課題を課し、それを乗り越えた先にあるのは成長した自分だという期待があれば、苦しくても頑張ることができる。笑いながらそう話す中山は、自らの姿をもってそれを私たちに教えてくれているのだ。

常に挑み続けること。それは中山雅史のプレースタイルそのものでもある。

第１章

目標達成に必要なこと

今の自分に何が必要か考え、実践する

PROFILE

松井秀喜（まついひでき）元プロ野球選手。1974年石川県生まれ。「ゴジラ」の愛称で知られる名スラッガー。星稜高校時代は１年生から４番として甲子園で活躍し、「5打席連続敬遠」など数々の伝説を残す。1992年ドラフト1位で巨人に入団。2003年にはメジャーの名門・ヤンキースに移籍。2009年のワールドシリーズでは、日本人初となるMVPも受賞した。

野球

日本人初のワールドシリーズMVP

松井 秀喜

野球
清宮 福太郎

若きアスリートからの質問

僕は毎日欠かさず素振りをしているのですが、松井さんがプロになるために毎日続けていたことは何ですか？

父親は早稲田大学やサントリーで活躍したラグビーの名選手・清宮克幸、兄は北海道日本ハムファイターズでプレーする清宮幸太郎。リトルリーグ世界一を経験した清宮福太郎は、「プロ野球選手になる」という夢をかなえるため、日々模索を続けている。

Profile

清宮福太郎（きよみやふくたろう）野球選手。2003年東京都生まれ。小学生のリトルリーグ時代に世界一を経験し、中学リトルシニアでは一塁手兼投手として活躍。現在もプロ野球選手を目指し練習に励んでいる。

野球
松井 秀喜

レジェンドからの金言

今の自分に何が必要か考え、実践する

子どものころの僕は、チームの練習をしたあと帰宅してから、素振りやトスマシンを使ったバッティング練習を、1日100スイングはしていました。**プロ野球選手になるためではなく、「野球がうまくなりたい」「次の試合で勝ちたい」という思いからです。**

毎日素振りをしながらわかったのは、**「少しずつしか成長できないんだ」**ということ。

でも続けていれば、**そのうち「こんなに打球が飛ぶようになったのか？」**とか、**「こんなこともできるようになった！」と実感する日が来る**と思います。

僕の経験で言うと、すごく大きな目標を目指すのではなく、**「今、自分に何が必要か」を考えながら実践していくことが大切**であり、最終的には、**それが足元の固まった強い成長につながる**のだと気づきました。

野球というスポーツには失敗がつきものです。いいバッターとされる人でも打率は3割。10回打席に立てば、7回は失敗することになります。だから、**失敗とどう付き合っていくのかが大事なのです。**

「あ〜、打ち取られて悔しい」で終わったら意味がない。悔しさとは別に、得るものがなければいけません。「失敗をどう活かすか」を考え、実践を積み重ねることが成長につながるのだと思います。

野球をずっと好きでいないと、努力を続けることは難しい。野球が好きという気持ちを持ち続け、大事にしてほしい。いいことばかりが続くことはないと思うので、いいとき・悪いときを過ごしながら、どうやって自分の気持ちを前に向けるか。つらいときでも、野球が好きならば、野球に真摯に向き合えるし、努力も苦にならない。どんなに苦しい状況でも、頑張れるはずです。

目の前の結果に一喜一憂することなく「今の自分に何が必要か」に集中する

松井は、星稜高校時代から甲子園で大暴れし、1992年ドラフト会議で1位指名を受けて読売巨人軍（以下、巨人）に入団。プロ1年目から一軍で活躍し、11本塁打を放っている。

生まれたときの体重は3960g。中学校入学時には170cm、95kgもあった松井は、10代のころから〝怪物〟〝ゴジラ〟と騒がれてきたが、実は努力の人でもあった。

現役時代に巨人の黄金時代を築いた長嶋茂雄は、監督として獲得した松井に大きな期待をかけた。彼を巨人の真の4番打者に育てあげるために練ったのが「4番1000日計画」。シーズン中でも自宅やホテルに呼び出して松井に素振りをさせ、長嶋が自分の目でチェック。「2人だけで素振りした時間」によって松井のバッティングは磨かれていったのである。その効果もあり、1996年にリーグ優勝に貢献してMVPを獲得。1998年には34本塁打、100打点で本塁打と打点の2冠王に。2000年には開幕から4番に座り、本塁打王、打点王、MVPに輝いている。

そして、2003年にニューヨーク・ヤンキースに移籍。常勝が義務付けられた名門でもプレッシャーに押しつぶされることなく、勝利に貢献し続けた。メジャーでは打撃タイトルを取ることはできなかったが、10年間で1253安打、175本塁打、760打点を積み上げたのはさすがと言えるだろう。

松井が日米を代表する打者に成長できたのは、金言でもある「今の自分に何が必要かを考え、実践」してきたから。そして、常に野球への愛情を持ち続け、失敗を糧に努力を続けたからだ。

松井のような華々しい活躍を誰もができるわけではないが、ビジネスにおいても、目の前の結果に一喜一憂することなく、「今の自分」を分析することはとても大切だ。そこで見えてきた「自分に必要なこと」を実践することが、未来の大きな飛躍につながるのである。

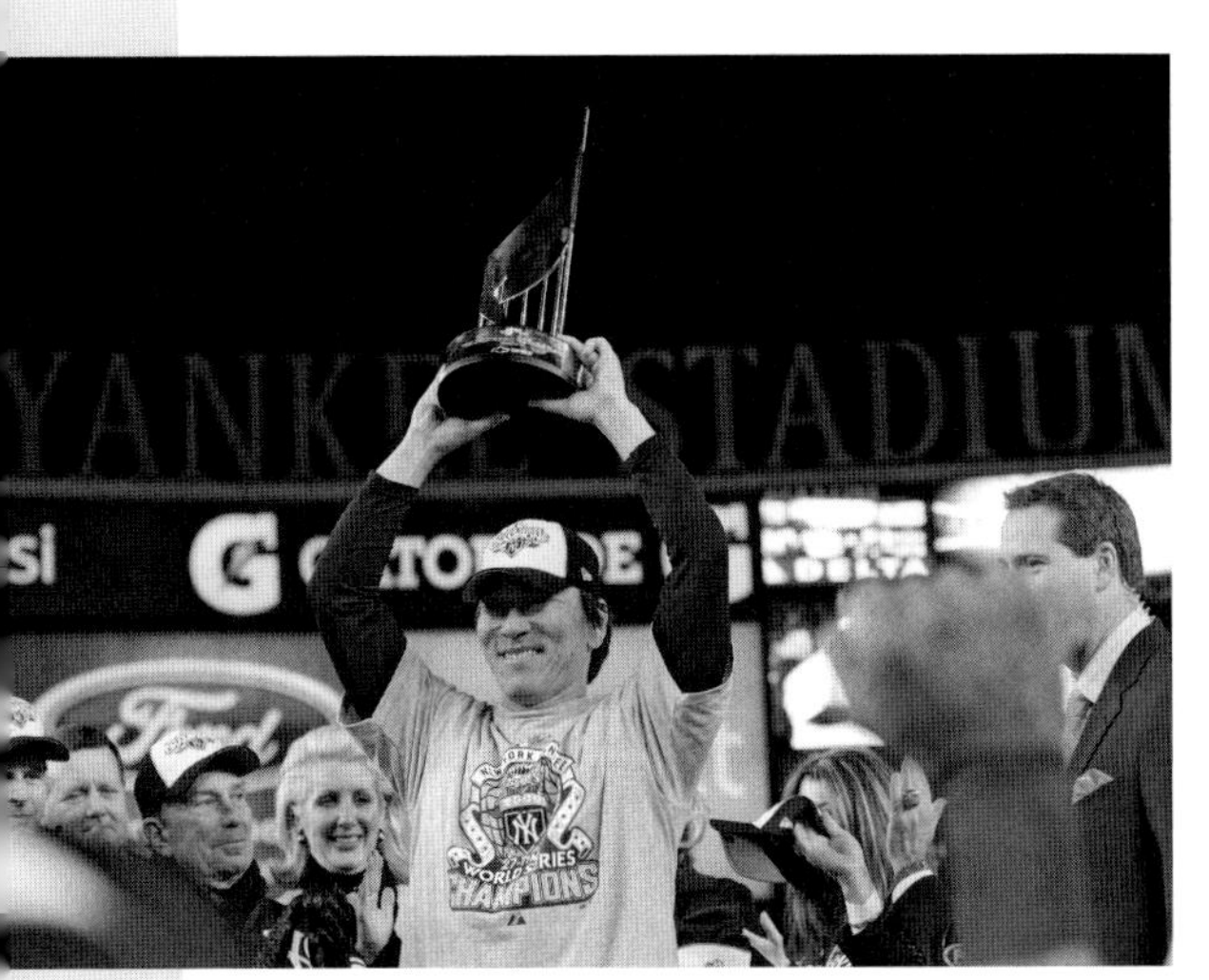

メジャーでも松井が結果を残せたのは、努力の積み重ねがあったから。

第1章

目標達成に必要なこと

日々、自信を積み重ねる

PROFILE

野村忠宏（のむらただひろ）柔道家。1974年奈良県生まれ。祖父は柔道師範、父は天理高校柔道部元監督、叔父はミュンヘン五輪柔道金メダリストという柔道一家に育つ。1996年アトランタ五輪、2000年シドニー五輪、2004年アテネ五輪を制し、柔道史上・全競技を通じてアジア人初となる3連覇を達成。

柔道

前人未到のオリンピック3連覇達成

野村 忠宏

陸上（走幅跳）
橋岡 優輝

若きアスリートからの質問

僕は東京オリンピックでメダル獲得を目指しています。野村さんが初めてオリンピックで金メダルを獲った際、精神的な支えになったものは何ですか？

世界ジュニア選手権、ユニバーシアード、世界選手権と着実にステップアップしている陸上・走幅跳の橋岡優輝。27年ぶりに日本記録を更新した彼が、オリンピックでのメダル獲得に向けて気になるのは精神面だという。

Profile

橋岡優輝（はしおかゆうき）陸上選手。種目は走幅跳。1999年埼玉県生まれ。世界ジュニア、ユニバーシアードで優勝。日本選手権は2017年から3連覇。2019年の世界選手権で、日本人初の8位入賞を果たす。

柔道
野村 忠宏

レジェンドからの金言

日々、自信を積み重ねる

１９９６年アトランタオリンピックの日本代表に選ばれたとき、自分も「本当にオレで大丈夫か？」という不安がありました。柔道の場合は、オリンピックで金メダルを獲ることは宿命であり、至上命令。だから当然、恐怖ものすごくあって……。

一方で、オリンピック出場権を勝ち取ったことが自信になり、日本代表の自覚が芽生えました。代表が決まってすぐのころは、まだ日本の柔道を背負い切れていなかったけど、オリンピック本番までの３カ月くらいの間に、代表になった先輩方の背中を見ながら、いろいろなことを学んでいきました。**「オリンピックで戦うことの意味は?」「勝負とは何か」「どうすれば自分の力を出し切ることができるのか」**を考え続けたんです。そうやって練習を積み重ねることで、心が強くなったと思います。

もちろん、大会の結果で生まれる自信もあるし、日頃の競技との向き合い方で得る自信もある。**最後に大切なのは、自分が持っているものを本番で出す心の強さ。**

あのころの**僕の支えになったのは、毎日の練習で作りあげた自信**でした。

3大会連続の金メダリストを支えたのは
毎日の、小さいことの積み重ね

３大会連続金メダルという偉業を達成した野村は「心だけで勝てるわけではないし、オリンピック当日に急に強くなることもありえない。毎日の積み重ねが大切」だと語る。大きな商談やプレゼンなどのビジネスシーンでも、小さいことをコツコツと続けることが、大きな目標達成へとつながる道なのである。

第１章

目標達成に必要なこと

目標を明確にし、日々すべきことを考える

PROFILE

宮﨑大輔（みやざきだいすけ）ハンドボール選手。1981年大分県生まれ。小学３年生からハンドボールを始める。2003年大崎電気に入部。日本代表として活躍。2009年に日本男子初となるスペイン１部リーグに入団。2017年にはフィールドゴールの通算歴代１位を記録した。2019年に日本体育大学に再入学し、大学リーグなどでもプレーしている。

ハンドボール

日本を牽引し続ける絶対的存在

宮崎　大輔

ウエイトリフティング
宮本 昌典

若きアスリートからの質問

練習中、たまに集中力が切れてモチベーションが下がるときがあります。モチベーションを上げ直すにはどうすればいいですか？

2017年の世界ジュニア選手権で2位に入ったウエイトリフティングの宮本昌典は、東京オリンピックでメダル獲得が期待される23歳。だが、記録との孤独な戦い、自分と向き合うことの難しさに直面している。

Profile

宮本昌典（みやもとまさのり）ウエイトリフティング選手。1997年沖縄県生まれ。1964年の東京五輪金メダリスト・三宅義信に師事し、才能を開花。2017年世界ジュニア銀メダル。2019年全日本選手権73kg級で日本記録を樹立し優勝。

ハンドボール
宮﨑 大輔

レジェンドからの金言

目標を明確にし、日々すべきことを考える

試合に負けたときには、誰だって、「オレはもっともっと練習して絶対にうまくなるんだ」と思うはずなんですよ。でも、時間がたつにつれて、その思いは薄れてしまうもの。だから、**負けたときの気持ちやそのとき感じたことをノートにでも書き出してほしい。**「もっと筋トレしよう」でも、「あのとき、ゴールを決めていれば」でも、ちょっとしたことで

いいから。**そのときの思いから、何かが始まる**と思う。

時には、自分とは違う競技を見ることもいいでしょう。いろいろなところにヒントは落ちていて、ウエイトリフティングに活かせることがたくさんあるはず。僕はハンドボールを長く続けているけど、得意なジャンプシュートはバレーボールを参考にして生まれました。

大事なのは、しっかりとした目標を立てて、そこに到達するために毎日、自分に何ができるのかを考えること。そこが決まれば、今よりももっともっといいモチベーションでトレーニングに取り組めると思います。

目標へ向けて何ができるのかを考えながら取り組むことが大切

30年近く競技を続けている宮﨑は、競技をするなかで感じたこと、お世話になった指導者や仲間のことなどに思いをはせつつ、目標へ向けて「何ができるのか」を考えながら練習と向き合っている。仕事でも、しっかりとした目標を見失わずに、「自分に何ができるのか」を考えながら取り組むこと。それが高いモチベーションを継続していく秘訣なのだ。

第1章

目標達成に必要なこと

憧れのイメージを増やす

PROFILE

高橋大輔（たかはしだいすけ）フィギュアスケート選手。1986年岡山県生まれ。８歳でスケートを始める。2010年バンクーバー五輪では日本人男子初の銅メダル、同年の世界選手権では日本人男子初の金メダルを獲得。2014年ソチ五輪では６位入賞。その後、引退表明をしたが、2018年32歳で現役復帰。現在はアイスダンスに転向し2022年の北京五輪を目指している。

フィギュアスケート
バンクーバー五輪 男子シングル 銅メダル
髙橋 大輔

フィギュアスケート
佐藤 駿

若きアスリートからの質問

今季は演技力を伸ばそうと思っているんですが、演技力を伸ばすためには、どうしたらいいですか?

2019年フィギュアスケートのジュニアグランプリファイナルで、2014年の宇野昌磨以来5年ぶり、日本人として4人目のチャンピオンとなった佐藤駿。2022年の北京オリンピック出場とメダル獲得に向けて、彼は自身の「表現力」を課題に挙げた。

Profile

佐藤駿(さとうしゅん)フィギュアスケート選手。2004年宮城県生まれ。2018年・2019年全日本ジュニア2位。2019年ジュニアグランプリファイナルでは、自己ベストを大幅に更新し金メダルを獲得した。

フィギュアスケート
髙橋 大輔

レジェンドからの金言

憧れのイメージを増やす

フィギュアスケートでは、演技力を伸ばすのが一番難しいことだと思います。僕が小さいときからやってきていることは、**好きな選手を見つけて、その人を想像しながら演技すること。**例えば、「ステファン・ランビエール(元世界王者)はこんなふうに踊っているな」と彼のスケートをイメージしながら滑ってみたり、「この部分は浅田真央ちゃんっぽく踊ってみよう」と試してみたり。

これは、スケートだけに限りません。動物でもいいし、美しい椅子があったら椅子でもいい。**自分のイメージがふくらむもの、「カッコいいな」と思えるものを見て、そのイメージを自分の演技にあてはめていく。**一見、矛盾しているように思えるものでも、一つの作品の中でうまく融合するものです。

「こうなりたい、こう踊りたい」というイメージがあれば、それに近づくように頑張ることができる。**憧れの人と自分とを比較することが成長につながる**でしょう。**「どうすれば近づけるか」を考えながら練習に取り組むことで、表現力がついていく**はずです。

憧れの人を手本とし
魅力的なものは吸収する

髙橋は、演技力を伸ばすため人の意見に耳を傾け、競技以外のことでも「魅力的」と感じるものを積極的に取り入れたという。ビジネスにおいても、誰かを手本とし、意見ややり方を取り入れることで、自分自身が成長できることは多くある。それが大きな目標達成につながる方法の一つだ。

第1章

目標達成に必要なこと

オンとオフのメリハリをつける

PROFILE

松田丈志（まつだたけし）元競泳選手。1984年宮崎県生まれ。4歳で水泳を始める。2008年北京五輪では200mバタフライで銅メダルを獲得。競泳日本代表チームの主将を務めた2012年ロンドン五輪では、同種目で銅メダル、400mメドレーリレーで銀メダルを獲得。2016年リオ五輪では、800mフリーリレーで銅メダルを獲得し、3大会連続メダリストとなった。

水泳

オリンピック3大会連続メダル

松田 文志

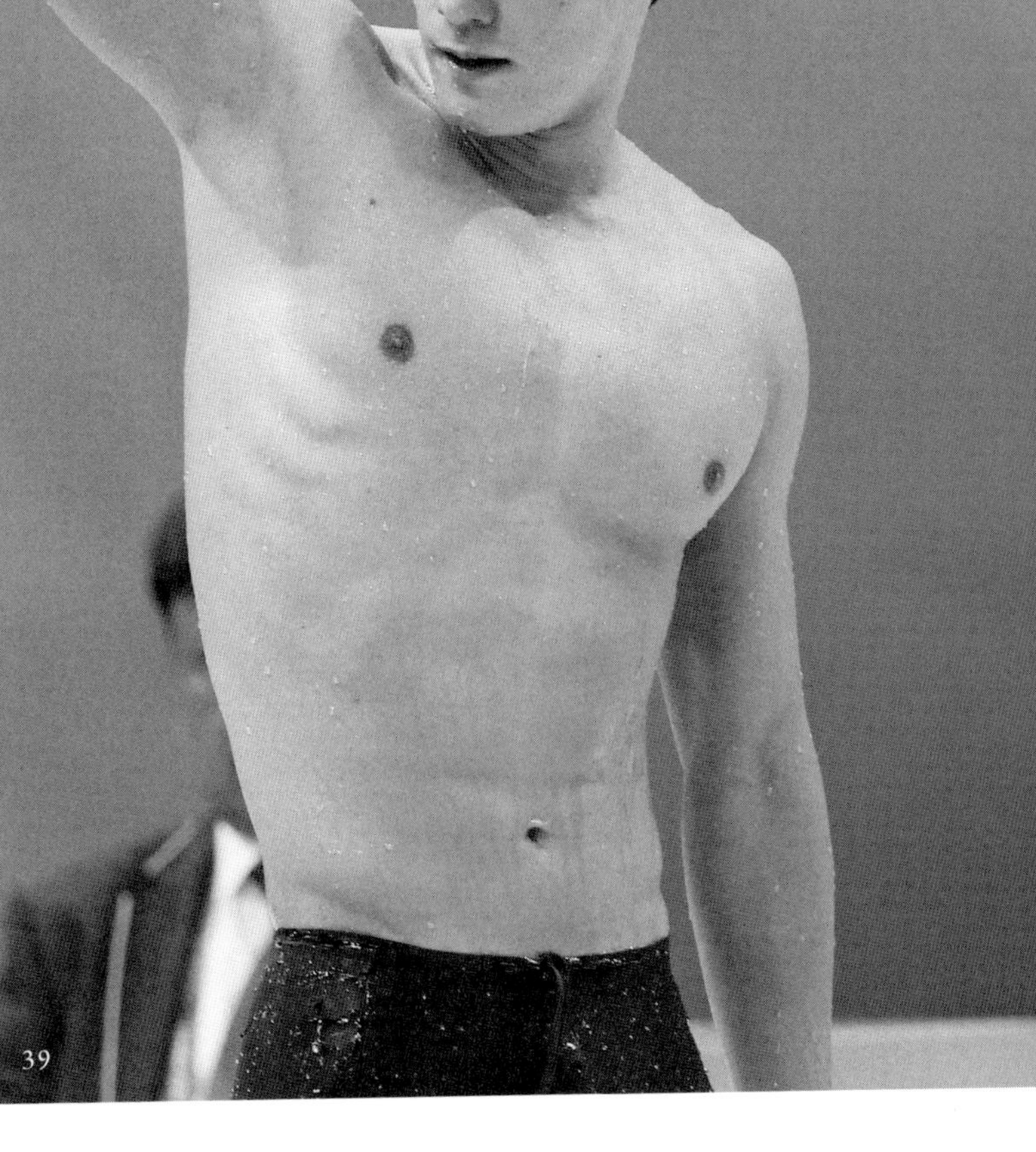

陸上
高島 咲季

水泳
松田 丈志

Q

若きアスリートからの質問

松田さんが選手生活で、一番大切にしていたことは何ですか？

2019年陸上の世界選手権に、日本代表選手団最年少の17歳で出場した高島咲季。今後の日本陸上界を背負って立つことが期待される有望株は、来年の東京オリンピックだけでなく、その先の活躍も見据えている。

Profile

高島咲季（たかしまさき）陸上選手。2002年神奈川県生まれ。14歳で陸上を始める。2019年、高校3年生時に出場した日本選手権で400m 2位。同年、世界選手権に日本代表選手団最年少の17歳で出場を果たした。

A

レジェンドからの金言

オンとオフのメリハリをつける

現役選手として大切にしていたのはもちろん、練習です。睡眠と栄養をしっかりとって、いい練習を積み重ねていくことが一番大事ですが、一方で、**自分の競技のことを忘れてリラックスする時間も必要**だと思います。

2004年のアテネオリンピック、400m自由形では8位に入りましたが、メダルは獲れませんでした。そのころは四六時中、いつも水泳のことを考えて生活していて、極限の集中状態を作って挑まなきゃいけないオリンピックの本番には、もう疲れてしまっていたんですよ。

振り返ってみると、オリンピックでは、**リラックスする時間を作りながら最高の状態で本番に臨んだ選手が、メダルを獲った**ということに気づいたんです。それからは、**オンとオフのメリハリをつけるように意識**しました。例えば、合宿所で生活しているときは積極的に外に出て、普段は行かないところまで足を延ばしたり、違うスポーツをしている人に会ったり。いろいろなものに触れれば、練習に対するモチベーションも上がるはずです。

時には違う世界から刺激をもらう
3大会連続メダル獲得の秘密

オリンピック3大会で、銀メダルを1つ、銅メダルを3つ獲得した松田は、競泳だけでなくさまざまなものから刺激を取り入れることで、試合でのパフォーマンスを高めていた。オンとオフのメリハリでパフォーマンスが上がるのは仕事でも同じこと。ここぞというときにベストを尽くすためには、仕事を忘れてリラックスすることも大切なのだ。

第 1 章

目標達成に必要なこと

集中にとらわれず、目的を持ってプレーする

PROFILE

桃田賢斗（ももたけんと）バドミントン選手。1994年香川県生まれ。6歳よりバドミントンを始める。高校3年生で世界ジュニア選手権優勝。高校卒業後、NTT東日本に入社。2018年世界バドミントンにてシングルスで日本男子初の金メダル。同年世界ランキング1位に。2019年全英オープン優勝、世界バドミントン連覇を含むツアー史上最多の11勝を達成した。

バドミントン

世界バドミントン2018・2019連覇

桃田 賢斗

バレーボール
森居 史和

若きアスリートからの質問

接戦している試合の大事な場面などで集中する方法を教えてください。

2018年バレーボールのアジアユース選手権で日本代表のセッターとして優勝に貢献した森居史和。実力差のないチームと対戦したとき、勝負を分けるのは集中力だと彼は考える。どうすれば、チーム全員を勝利に向けて集中させることができるのか？

Profile

森居史和（もりいふみかず）バレーボール選手。2001年東京都生まれ。2016年ジュニアオリンピックカップでベストセッター賞受賞。2018年アジアユースで優勝。2019年U19世界選手権代表に選出。

バドミントン
桃田 賢斗

レジェンドからの金言

集中にとらわれず、目的を持ってプレーする

「ここで、集中しよう」とみんなで言い合っても、急に集中できるもんじゃないですよね。集中することにフォーカスしている時点で、集中できていないんじゃないかな？

自分のリズムでストレスなくプレーすることを考えていたら、自然と「集中したプレー」ができるはず。

自分が劣勢に立たされているとき、「ここで離されたくないな」「今、攻めないと」と思うときには、どうすれば自分の土俵に持っていけるかを僕は考えます。

接戦になったとき、「ここでギアを上げよう」と思うことは一切ない。**自分がしたいこと、目的が明確になっていれば、意識しなくてもそういうプレーになる**と思う。

どうしても、調子のいいとき、悪いとき、そういう波はあるでしょう。思いもよらない展開になって苦しめられることも。でも、自分にとって不利な状況や出来事に対してもネガティブにならず、**仲間を信じて、持っている力を出し切ることを一番に考えてプレーしてほしい。**

持てる力を出し切ること
それが高い集中へとつながる

2019年に世界バドミントン連覇を達成した桃田は、常に「持てる力を出し切る」ことを考えれば、無理に「集中しよう」としなくても自然と集中できるという。仕事に置き換えてみても、目的意識をはっきりと持って仕事をすることで、自然と集中力が高まり、自分らしい〝いいプレー〟につながるだろう。

第1章

目標達成に必要なこと

〝誰にも負けないもの〟を持つ

PROFILE

秋山翔吾（あきやましょうご）プロ野球選手。1988年神奈川県生まれ。ポジションは外野手。横浜創学館高校卒業後、八戸大学に入学。2010年ドラフト3位で西武に入団。プロ5年目の2015年、プロ野球シーズン最多安打記録の216本を樹立。2017年には侍ジャパンのメンバーに選出されWBC出場を果たす。2020年よりMLBの名門シンシナティ・レッズに所属。

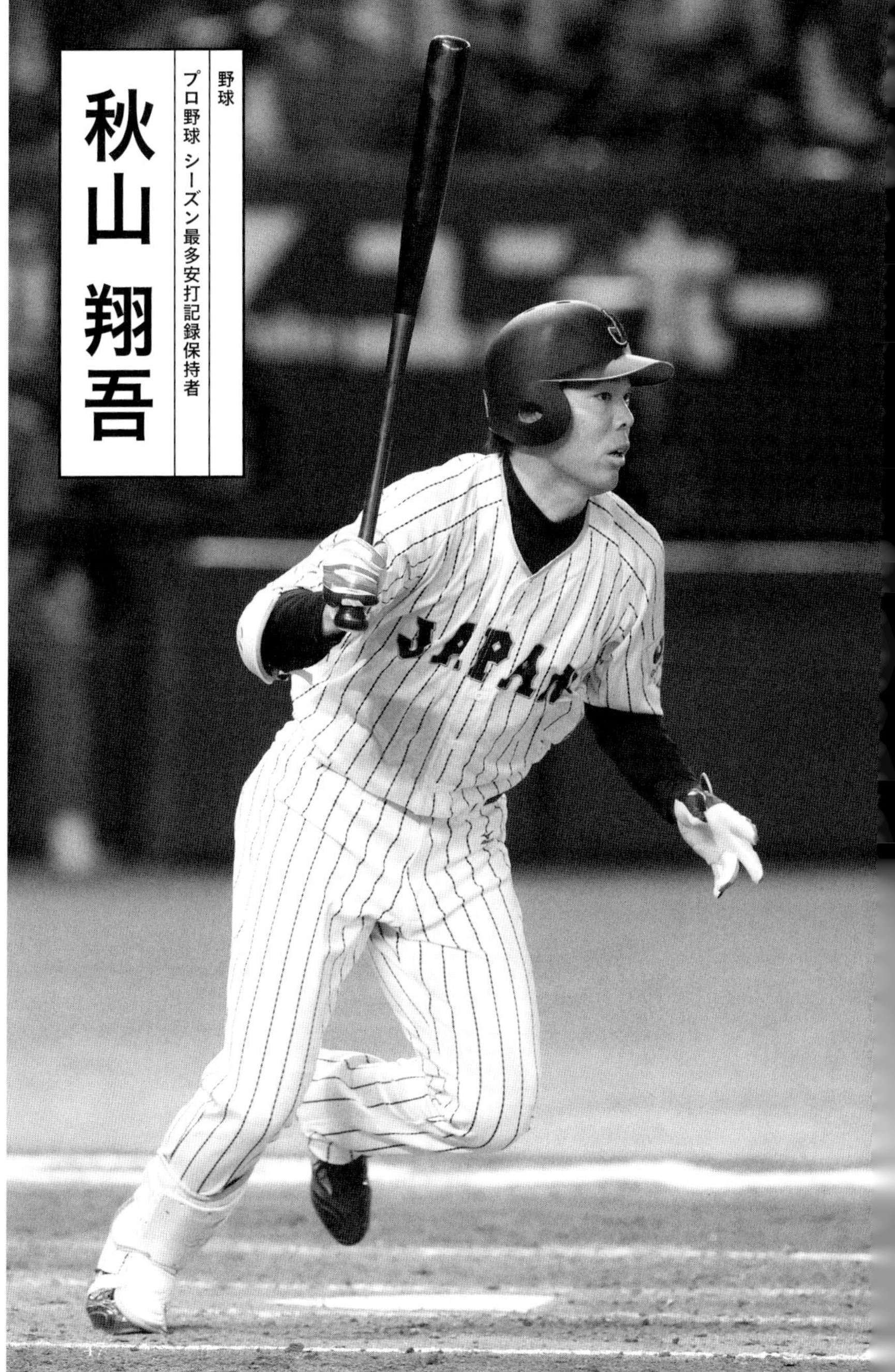

野球

プロ野球 シーズン最多安打記録保持者

秋山 翔吾

野球
翠田 広紀

若きアスリートからの質問

プロになるために、中学・高校時代に取り組んでいたことはありますか？

野球のＢＦＡ Ｕ15アジア選手権で、初の連覇を果たした日本代表メンバーの一員である翠田広紀。本来のポジションは内野手だが、この大会ではマウンドにも上がった。彼の視線の先には、プロ野球がある。

Profile

翠田広紀（みすたひろき）野球選手。2004年滋賀県生まれ。兄の影響で7歳より野球を始める。2019年、中学3年生時に全国大会ベスト4。BFA U15アジア選手権では優勝に貢献。ポジションは内野手。

野球
秋山 翔吾

レジェンドからの金言

〝誰にも負けないもの〟を持つ

僕の中学時代は練習量がものすごく多くて、そのころに練習に耐える体力がついたと思う。中学、高校、大学と上がるにつれて技術レベルが上がっていくんですが、**走ったり、打ったりという基礎的な部分は、10代のころにしっかり鍛えないといけない。**

僕は学生時代、どうすれば遠くに打球を飛ばせるか、どうやってバットを強く振るかを考えていました。**「誰にも負けちゃいけない」と思って、いつも練習をやっていましたし、**野球を始めたときから、プロになることしか考えていなかったですね。プロ野球は、「できれば、なりたい」くらいの気持ちでは入るのが難しい世界ですから、その程度ではやってほしくない。

今は、さまざまなメディアで練習方法や情報が入手できますが、**自分に必要なこと、できることを選択して、それを突き詰めていくことが大事。**15歳以下の日本代表に選ばれたということは、その世代では、トップのグループに入る選手だと思う。**自分を脅かす敵が現れても、「これだけやってきたから負けない」という強み**を、今から準備してほしい。

誰にも負けないものがビジネスでも大きな武器に

プロ入り後に才能を開花させた遅咲きの秋山だが、プロ9年間で1405安打、116本塁打を積み重ね、2020年よりメジャーに挑戦するまでの選手となった。秋山のように「誰にも負けないもの」を持つことが、大きな武器になることはビジネスの世界でも同じ。絶対に成功するというイメージを持って臨むことが大切だ。

第1章

目標達成に必要なこと

世界一の練習はウソをつかない

PROFILE

松元克央（まつもとかつひろ）競泳選手。1997年福島県生まれ。専門種目は自由形。明治大学卒業後、セントラルスポーツ入社。2017年世界水泳で初の日本代表入り。2018年のパンパシ水泳200m自由形では国際大会で自身初となる銅メダル。翌年の世界水泳では200m自由形で日本記録を更新し、この種目では日本史上初となる銀メダルを獲得。愛称は“カツオ”。

水泳

世界水泳　男子２００m自由形　銀メダル

松元　克央

フィギュアスケート
鍵山 優真

Q

若きアスリートからの質問

全日本選手権のショートプログラムで緊張し動きが硬くなってしまいました。どのような気持ちで試合に臨めばいいのか教えてください。

フィギュアスケートで、ジュニアながら2019年の全日本選手権で表彰台に上がった鍵山優真。2020年ユースオリンピックでは金メダルを獲得したが、大舞台でどのように気持ちを落ち着かせればいいのか、まだわからないという。

Profile

鍵山優真（かぎやまゆうま）フィギュアスケート選手。2003年神奈川県生まれ。元五輪代表の父のもと5歳でスケートを始める。2019年全日本ジュニア優勝。翌年シニアの四大陸選手権で銅メダル、世界ジュニアでは銀メダル。

水泳
松元 克央

A

レジェンドからの金言

世界一の練習はウソをつかない

僕には、世界で一番というくらいキツイことを練習でやってきているという自負があるので、**「頑張った分を無駄にしたくない」という気持ちで試合に臨んでいます。**

練習では、効率のいい泳ぎを見つけたり、少しでも速く泳げるフォームを探したり、1日1日考えながら取り組んでいます。コーチから与えられたメニューに対してどれくらい追い込めるかということも大事です。僕がいつも思っているのは、**世界一になるためには世界一の練習をしないといけない**ということ。

緊張は誰もがするもの。僕だって試合のときには緊張はしますが、本番では頑張った分をすべて出し切ろうと思っています。**大事なのは、緊張を力に変えることができるかどうか。**僕の場合、応援してくれる人たちが喜んでいるところを想像すると、力に変わりますね。

試合までに、「これだけ練習してきたぞ」というのが僕の自信の源です。**練習は絶対にウソをつかない**ので、自信をつけて試合に臨もう。

練習はウソをつかない
さらなる自信をつけて金メダルを!

松元克央は2019年、世界水泳の200m自由形で日本記録を更新。この種目ではオリンピック、世界水泳を通じて日本人初のメダルを獲得した。何事にも高い目標に到達するためには、それに見合った準備が必要。その準備をしている時間が、自分自身を形作ることにもなる。世界一だと思えるぐらい努力すれば、おのずと自信がつくはずだ。

第2章

大きな壁にぶつかったら

第2章

大きな壁にぶつかったら

一（イチ）を大事に

PROFILE

稲葉篤紀（いなばあつのり）元プロ野球選手。1972年愛知県生まれ。1994年のドラフトでヤクルトに入団すると、外野手として頭角を現す。2005年に日本ハムへ移籍。2009年第2回WBCでは4番を務め、世界一に貢献した。通算2000本安打も達成し、2014年現役を引退。2017年に日本代表監督に就任し、2019年開催の第2回WBSCプレミア12でチームを優勝に導いた。

野球

日本代表（侍ジャパン）監督

稲葉 篤紀

バレーボール
新井 雄大

若きアスリートからの質問

稲葉さんはWBCで世界一になっていますが、世界と戦うために日頃からどのようなことを心がけてやっていましたか？

中学3年生で全日本中学生選抜メンバーに選ばれ、上越総合技術高校時代には春高バレーで活躍した新井雄大。東海大学進学後も1年生からレギュラーになるなど、抜群のジャンプ力で日本代表のエースの座を狙う彼が、世界と戦うための心得を学ぶ。

Profile

新井雄大（あらいゆうだい）バレーボール選手。1998年新潟県生まれ。2016年春高バレーで最高到達点350cmを記録し、全日本クラスの跳躍力を披露。高校3年生で全日本代表、五輪に向けた集中的強化選手に選出される。

野球
稲葉 篤紀

レジェンドからの金言

一（イチ）を大事に

世界で戦うということは、「負けられない試合」が続くということ。そうなれば当然、初戦が大事になってきます。

僕は選手時代から、「一（イチ）」というものを大事にしていました。ピッチャーにとっての初球、ファーストストライク、初めに迎える一番バッター……。野手であれば、その試合の第一打席、飛んできた打球に対する一歩目など。実力のある相手と戦うときには、とにかく「一」を大事にするように心がけてきました。おそらく、どんなスポーツでも、どんな仕事であっても、同じことが言えるのではないでしょうか。

そう感じたのは、２００８年北京オリンピックのアジア予選でした。僕にとって、日本代表としての世界大会はそれが初めてで、第一打席はものすごく緊張していて、気持ちがフワフワフワしていました。試合には勝つことができたのですが、そのときに「第一打席からしっかり気持ちを入れないと、国際試合ではダメなんだ」と気づきました。

自分自身がうまく〝乗る〟ためにも、チームに勢いをつけるためにも、第一打席、一球目が大事だと痛感しました。そのことは、野球日本代表の監督として、選手にも伝えています。

初めからすべての力を発揮するためにはどうすればいいのか。やはり大事なのは、準備です。「一」から自分のパフォーマンスを出すためには、普段からいい準備をするしかない。初めに失敗したり、相手に先手を握られたりしたら、ペースを取り戻すことは難しくなるから。流れに乗れないまま、ズルズルと相手の術中にハマるということも考えられます。**その場の雰囲気をつかみ、空気を支配するためには「一」が重要。しっかりとした準備なくして「一」から力を出すことはできません。**

ベストパフォーマンスにはしっかりとした準備が大切

プロ野球選手の1シーズンは長い。今年は新型コロナウイルスの影響で延期となったが、通常は3月に開幕する。ベストメンバーで臨むものの、1シーズンは140試合以上あるため、不調の時期があっても取り返すことができる。むしろ、長丁場で安定して力を発揮することが求められると言ってもいいだろう。しかし、大会期間が2~3週間ほどしかない国際試合では、そういうわけにはいかない。その大会のために集められたメンバーで練習する時間は短く、対戦相手の情報は少ない。一度やられた（抑えられた）相手にリベンジする機会が与えられることは多くない。一つの敗戦、一つの失敗が、チームの浮き沈みを大きく左右する。だからこそ、稲葉は国際試合で「一（イチ）を大事にしてきた」と語る。

稲葉が日本代表として初めて国際大会に臨んだのは、メダル獲得なしに終わった2008年北京オリンピック。そのときに味わった屈辱を教訓とし、2009年のWBCではチームの中心選手として連覇に貢献。2013年のWBCでも、日本代表に選ばれ、国際舞台で実力を発揮してきた。

2017年7月より、侍ジャパンの監督に就任した稲葉は、2019年11月に開催された「第2回 WBSCプレミア12」で10年ぶりの世界一に輝いたあと、「日本の1点、1点

（を重ねる）という野球ができた」と語ったが、これは、大一番では一つひとつの積み重ねが結果に直結することを、身をもって知っているからこその言葉だろう。

野球などスポーツに限らずとも、ビジネスでの商談やプレゼンなど、ここぞという場面でベストパフォーマンスを発揮するためには、本番をどのように進めるかをイメージしながら、しっかり準備をすることが大切だ。最初からベストを尽くすことができれば、いい流れを作りだし、その先にある試練も乗り越えられるのである。

国際大会を知る稲葉だからこそ、侍ジャパンを栄冠へと導くことができた。

第2章

大きな壁にぶつかったら

新しい技術が身体に合うまで、とにかく待つ

PROFILE

清水宏保（しみずひろやす）元スピードスケート選手。1974年北海道生まれ。1993年ワールドカップに18歳で初出場し、男子500mで初優勝。1994年から４大会連続五輪に出場。1998年の長野五輪では500m金メダル、1000mでは銅メダルを獲得した。日本初のプロスピードスケート選手。2010年に現役引退後、スポーツキャスターやコメンテーターとして活躍。

スピードスケート

長野五輪　男子５００ｍ　金メダル

清水　宏保

スピードスケート
久保 向希

Profile

久保向希（くぼこうき）スピードスケート選手。1999年北海道生まれ。白樺学園高校卒業後、日本電産サンキョー入社。2019年世界ジュニア500mで金メダル。2020年四大陸選手権1000mで優勝した。

Q

若きアスリートからの質問

自分でも驚くくらい順調な競技人生を送れているのですが、スランプに直面したらどうしようという不安があります。清水さんはそんなとき、どのように対処していましたか？

2020年スピードスケートの四大陸選手権1000mで優勝するなど結果を残している久保向希。2022年の北京オリンピックを目指して、さらなるスケールアップが望まれている。もし、大きな壁にぶつかったときには、どうすればいいのか？

スピードスケート
清水 宏保

A

レジェンドからの金言

新しい技術が身体に合うまで、とにかく待つ

アスリートにとって、スランプは絶対に必要なものだと僕は思います。新しい技術を取り入れたり、フォームの改良などに取り組んだりしたとき、なかなかすぐにはうまくいきません。新しい技術や改良が自分の体にフィットするまで、2カ月、3カ月はかかります。僕の場合、半年以上もかかったことがあります。その期間がスランプということになるん

でしょう。

でも、**スランプというのは、新しいチャレンジにはどうしてもついてくるもの。**問題は、**どれだけ待てるのか**ですね。待つことを喜びに感じられるかどうか。

体になじむまでの間に、「うまくいかないから元に戻そう」とは思わないでほしい。**とにかく、自分の決断を信じて待つ――**そうすれば、次のステージに向けての大きな一歩を踏み出せるはずです。

うまくいかない期間に、じっくりと自分と向き合ってください。**考える時間を持つことで、新しい自分に出会えるかもしれません。**

チャレンジにはスランプがつきもの 大きな一歩のための辛抱を！

「世界で勝つためには、新しい技術、新しいトレーニング方法が求められる」と清水は言う。「現状維持は退歩だ」という言葉があるが、これはスポーツの世界以外にも当てはまる。それまで経験のないことに挑戦したとき、成果がすぐに出ることのほうが珍しい。だから、苦しくても「辛抱強く待つこと」の大切さを清水は説く。簡単に諦めなければ、大きな一歩を踏み出せる可能性があるからだ。

第 2 章

大きな壁にぶつかったら

相手の情報を多く集め、攻撃のイメージを持つ

PROFILE

杉山愛（すぎやまあい）元プロテニス選手。1975年神奈川県生まれ。15歳で世界ジュニアランキング1位となり、17歳でプロに転向。グランドスラムでは女子ダブルスでの3度の優勝に加え、混合ダブルスでも優勝。五輪には1996年から4大会連続出場。日本人初のWTAツアーダブルス世界ランキング1位。引退後はコメンテーターなど多方面で活躍。

テニス

日本人初のダブルス世界ランク1位

杉山 愛

フェンシング
上野 優佳

テニス
杉山 愛

若きアスリートからの質問

格上の選手と試合をするときに、技の選択を迷ってしまうことがあります。どうしたら迷わずに攻めることができますか?

2018年世界ジュニア・カデフェンシング選手権大会の女子フルーレで優勝を飾った上野優佳。その年のユースオリンピックで金メダル、2019年のアジア選手権では2位に入った彼女が、17歳でプロテニスプレーヤーになった杉山愛に「迷い」をぶつけた。

Profile

上野優佳(うえのゆうか)フェンシング選手。2001年大分県生まれ。小学2年生から本格的に競技を始める。2018年に16歳で世界ジュニア・カデ、ユース五輪を制覇。2019年のアジア選手権では2位。

レジェンドからの金言

相手の情報を多く集め、攻撃のイメージを持つ

シニア(一般)の選手はジュニアよりも戦術に長けていて、経験が豊富なので、引き出しも多い。そういう相手と戦うときに迷うのはしかたがないことだと思います。でも、迷えるだけの攻撃パターンを持っているのがすごいですね。

私がいつも心がけていたのは、**どんな相手と戦うときでも、ここが一番強いという、自**

分の武器を中心に戦うこと。相手の出方によって、自分なりに工夫して、敵の苦手なパターンに持ち込めるように準備をしていました。

そのときに重要なのが、**試合前に相手の情報をどれだけ得られるか**ということ。今は動画が豊富にあるので、事前に研究することもできます。実際に対戦したことのある選手に、話を聞くこともできるでしょう。**さまざまな方法を使って情報を集めて、「どういう攻め方が一番効果的か」、そのイメージを試合前に持つことが重要**です。

もし相手が自分より経験豊富だったとしても、**これまで自分がやってきたことを信じて、思い切りぶつかってほしい。**それが若さの特権ですからね。

勝負は相手の情報収集から自分の持ち味を活かした戦いを

34歳まで現役を続けた杉山は、若手選手との試合について「怖いもの知らずで思いっ切りぶつかってくるのが、ベテラン選手にとっては怖い」と語る。ビジネスにおいても、自分よりも経験や実績のある手ごわい相手と対峙するときに、自信がないと諦めてしまってはダメ。失敗を怖がらずにぶつかっていけば、活路を見いだせることもあるのだ。

第 2 章

大 き な 壁 に ぶ つ か っ た ら

自分がなりたい理想像を持つ

PROFILE

村上茉愛（むらかみまい）体操選手。1996年神奈川県生まれ。母の勧めにより3歳より体操を始める。池谷幸雄体操倶楽部に所属し、ジュニア時代から全国大会を制す。2016年リオデジャネイロ五輪では団体総合4位。2017年世界体操の種目別ゆかで日本女子63年ぶりの金メダル。2018年世界体操の個人総合で日本女子初の銀メダルを獲得。

体操

世界体操２０１８ 個人総合 銀メダル

村上 茉愛

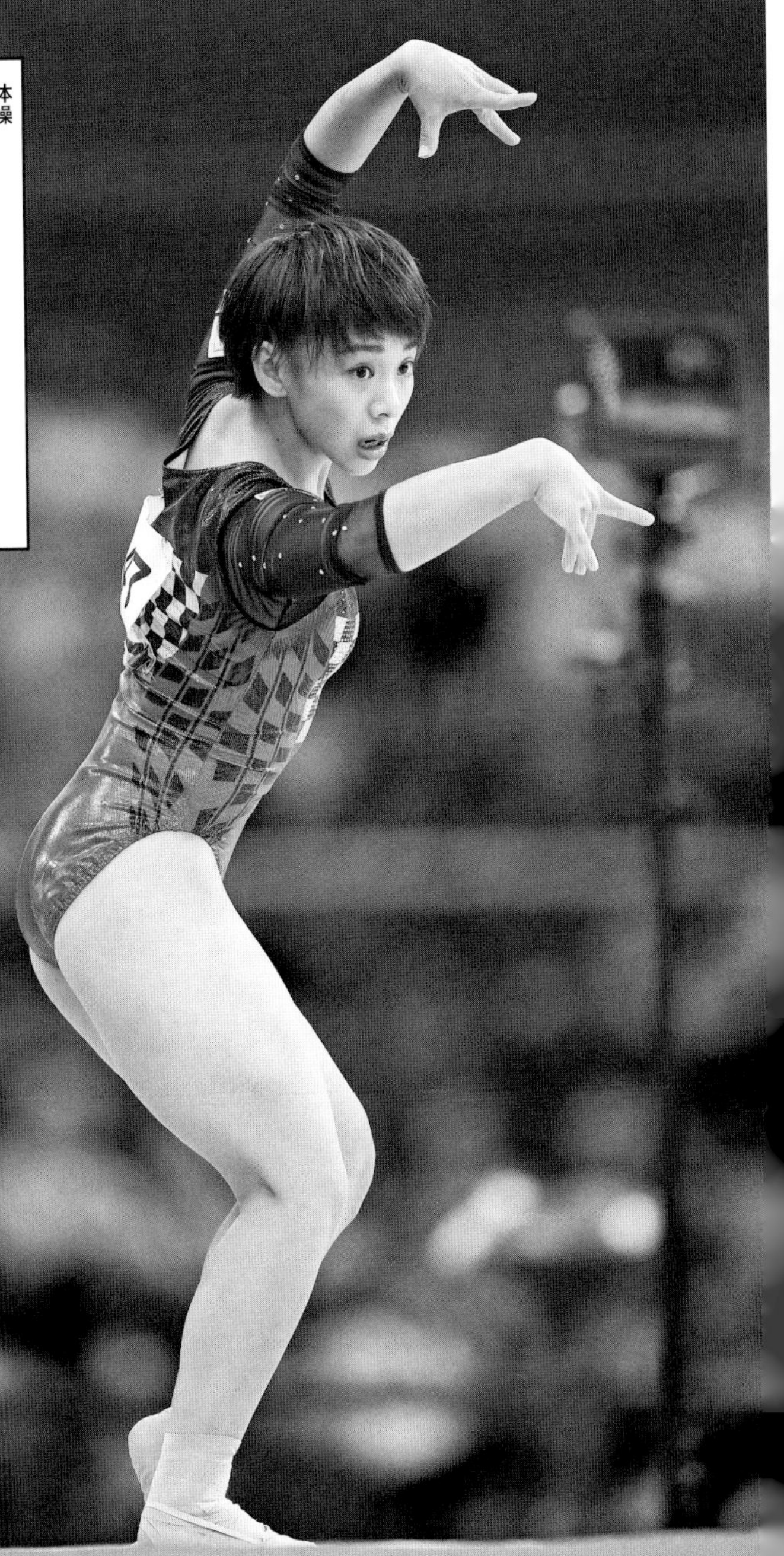

柔道
桑田 彩菜

体操
村上 茉愛

若きアスリートからの質問

私は練習などで、自分の成長が感じられないときがあるのですが、そのようなときにはどうしたらいいか教えてください。

2018年全国中学校柔道大会44kg級で優勝し、柔道界のホープとして注目される桑田彩菜の目標は、オリンピックの金メダル。中学時代に体操で全国優勝の経験を持つ村上茉愛に聞きたかったのは、自分の成長が感じられないときの克服方法だ。

Profile

桑田彩菜(くわたあやな)
柔道選手。2003年千葉県生まれ。淑徳中学校3年生時の2018年全国中学校柔道大会44kg級で優勝。淑徳高校へ進学した。次世代のホープとして注目を集める1人。

レジェンドからの金言

自分がなりたい理想像を持つ

国内の大会では勝てても、海外の大会で世界との実力差に打ちのめされることはよくあります。「自分はもうこれ以上、上には行けないんじゃないか」と思ったことは何度も。今でもそう思うことはよくあります。

私は、中学3年生のときに日本代表から落ち、ロンドンオリンピックには出場できませんでした。そのころ、「もう成長しないんじゃないか」と悩み、両親や体操の先生、友達とたくさん話をしました。その結果、**「今回は自分の実力が足りなかっただけ。次のリオデジャネイロオリンピックもあるから、焦らずにやろう」**という結論にたどり着きました。**あのときに悩んだからこそ、今がある**のだと思います。

「もうダメかも……」と思うことがあったとしても、そこでしっかり我慢して、自分がこうなりたいという思いをしっかり持って、それに芯を通してやればいい。

自分がこんな選手になりたいという理想像を目指して練習をしていけば、いつか成果は出てくると思う。目の前のことを気にせずに、目標に向かって頑張ってください。

成長が感じられなくてもその先をしっかりイメージする

レベルが上がれば上がるほど、自分の成長をはっきりと感じることが難しくなる。しかし、その先に「成長した自分」「理想の姿」をイメージすることで、村上は世界の頂点をつかんだ。ビジネスの現場においても、自分の限界や壁を感じることはよくあるが、その先をしっかりイメージすることができれば、必ず成果へとつなぐことができるはずだ。

第2章

大きな壁にぶつかったら

苦手な相手は成長のチャンス

PROFILE

髙橋礼華（たかはしあやか）バドミントン選手。1990年奈良県生まれ。松友美佐紀（まつともみさき）バドミントン選手。1992年徳島県生まれ。通称「タカマツ」ペアとして親しまれ、2016年リオデジャネイロ五輪では日本のバドミントン史上初の金メダルに輝く。日本人初の世界ランキング1位も達成している。BWFワールドツアーファイナルズ2018優勝。

バドミントン

リオデジャネイロ五輪 女子ダブルス 金メダル

髙橋 礼華・松友 美佐紀

バドミントン

奈良岡 功大

若きアスリートからの質問

**自分が苦手とする
プレースタイルの相手と試合をするとき、
どのような心づもりで試合に臨んでいますか？**

2018年ユースオリンピックで銅メダル、世界ジュニア選手権で銀メダルを獲得した奈良岡功大は、2019年は国際大会で5回の優勝を飾った。高校を卒業し、大学生になった彼が目指すのは2024年パリオリンピックのメダル獲得だ。

Profile

奈良岡功大（ならおかこうだい）バドミントン選手。2001年青森県生まれ。5歳でバドミントンを始め、小学生の全国大会5連覇、全中3連覇、全日本ジュニア最年少優勝を達成した。国際大会でも活躍。2020年日本大学に入学。

バドミントン

高橋 礼華・松友 美佐紀

レジェンドからの金言

苦手な相手は成長のチャンス

オリンピックや世界選手権、国内の試合など、私たちはこれまで本当にたくさんの試合をしてきました。前回負けた相手と対戦するときには、敗戦のイメージが残っていたりもするし、「この相手、ちょっと苦手だな」と感じることもあります。

でも、**相手がどうであれ、私たちができるプレーは変わりません。**やれるのは、**「自分**

たちのプレーを試合で出すこと」。そこが一番大事だと思っています。

もちろん、結果は気になりますが、それよりも、しっかりと準備をして試合に臨むことを大切にしています。**苦手な相手は、自分たちの弱点を知っていて、そこを突いてくる。**問題は、それを覆すプレーができるかどうか。**苦手な相手との対戦は、成長できるチャンスでもあると考えます。**

苦手な相手との試合に向けて〝自分の力をしっかり出すための準備〟をしてほしい。本番で、それがどこまで通用するかはわかりませんが、自分たちのプレーで跳ね返せたときは、本当に楽しいですよ。

苦手な相手を覆せたら
自分が成長できる

「いろいろなことを吸収できるから、勝ったときよりも負けたときのほうが成長できる」と2人は口を揃える。対戦相手を選べないなら、自分たちのプレーをするだけ。これは、ビジネスシーンでも同じことが言えるだろう。手ごわい相手との交渉や分の悪い商談など、自分が劣勢に立たされているときこそ、それを乗り越えたときに大きく成長できるのだ。

第2章

大きな壁にぶつかったら

弱点を隠し〝自分の土俵〟で勝負する

PROFILE

中澤佑二（なかざわゆうじ）元サッカー選手。1978年埼玉県生まれ。ポジションはディフェンダー。12歳よりサッカーを始める。高校卒業後、単身ブラジルにサッカー留学。1999年、ヴェルディ川崎に入団。同年9月、日本代表デビューを果たす。2002年、横浜F・マリノスへ移籍し、歴代3位となるJ1通算593試合に出場。2006年と2010年にはワールドカップに出場し活躍。

サッカー

代表史上〝最強〟の鉄壁ディフェンダー

中澤佑二

サッカー
柏村 菜那

若きアスリートからの質問

私はディフェンダーをしているのですが、中澤さんのように1対1が強くなるためにはどうしたらいいですか？

日テレ・東京ヴェルディメニーナに所属する柏村菜那は、高校1年生ながらトップチームの試合に出場するほどの実力を持つ。同じディフェンダーで、日本代表として110試合に出場（歴代4位）した中澤佑二は憧れの選手だ。

Profile

柏村菜那(かしむらなな)
2004年神奈川県生まれ。ポジションはディフェンダー。日テレ・東京ヴェルディメニーナ所属。中学3年生にして、2019プレナスなでしこリーグトップチームデビュー。2019年、U-15日本女子代表。

サッカー
中澤 佑二

レジェンドからの金言

弱点を隠し〝自分の土俵〟で勝負する

僕は、1対1に強くなるために、いろんな選手に1対1の練習をたくさんしてもらいました。スピードのあるフォワードと〝よーいドン〟の勝負になったら対応が大変なので、「オレはスピード勝負になっても負けないよ」という雰囲気を出していました。「どんなに速い選手にもついていけるぞ」という顔をして。**前でも後ろでも、右でも左でも、どんな方**

向でも大丈夫だと、自信満々のふりをしていました。それは、自分が得意とする守り方にもっていくためです。

そんな感じで守っていると、相手は持ち味のスピードを捨てて、小細工をしてくれる。僕は小細工に対処するのがものすごく得意だったので、勝てる可能性が高くなるんです。

いつも心がけていたのは、相手のストロングな部分を出させないということ。どうすれば自分の土俵（守り方）に入れられるかということです。若いうちは、チャレンジする姿勢を見せながらさまざまなディフェンスにトライしてほしい。そのうち、自分で「これはダメだ」「これならうまくいく」というのがわかるはずですから。

相手の持ち味を消しながら自分の長所で勝負する

187cmの長身を活かした高さのあるディフェンスと、相手の持ち味を消しながら自分の長所で勝負するスタイルで、所属クラブでも日本代表でも欠かせない選手となった中澤。自分の長所と短所をしっかりと把握し、どの武器で戦えばライバルとの競争に勝てるのかを模索すること。これはビジネスの世界でも重要なことである。

第2章

大きな壁にぶつかったら

相手を意識せず自分のプレーに集中する

PROFILE

岡島秀樹（おかじまひでき）元プロ野球選手。1975年京都府生まれ。東山高校卒業後、1993年にドラフト3位で巨人に入団。その後、巨人、日本ハム、ソフトバンクで日本一を経験。2007年ボストン・レッドソックスでは、ワールドシリーズ制覇に大きく貢献した。オークランド・アスレチックス、DeNAなどでも活躍し、2016年現役引退。

野球

日・米で活躍したリリーフエース

岡島　秀樹

サーファー
松原 渚生

若きアスリートからの質問

岡島さんはメジャーリーグでの経験がありますが、海外の選手たちに勝つためには、どのようなメンタルを持って臨めばいいのでしょうか？

2018・2019年全国高等学校サーフィン選手権で2連覇を果たした松原渚生。2020年度の日本代表強化指定選手(B)である彼は、世界の強豪を相手にしても通用するメンタルの強化を目指している。

Profile

松原渚生（まつばらしょう）プロサーファー。2003年長野県生まれ。両親の影響でサーフィンを始める。明聖高等学校サーフィン部在籍。2018・2019年全国高等学校サーフィン選手権2連覇。2020年度の強化指定選手に選出された。

野球
岡島 秀樹

レジェンドからの金言

相手を意識せず自分のプレーに集中する

豪快なイメージがあるメジャーリーグの野球は、細かくはありませんが、個々の選手のレベルがものすごく高い。だから、そういう相手に対して力で向かっていくとやられてしまう。そのことに、メジャーリーグ移籍後すぐに気づきました。**メジャーで戦っていくためには、自分がこれまでやってきたことをしっかり出すことが大事**だと思いました。

僕は読売巨人軍と北海道日本ハムファイターズで13年間プレーしてからアメリカに渡りましたが、**日本での経験がすごく役に立ちました。**場面によっては力勝負もしましたが、実力のあるメジャーリーガーに日本で培った野球で対応しました。だから、メジャー1年目にボストン・レッドソックスのワールドシリーズ優勝に貢献できたのです。

高校野球、プロ野球の二軍、一軍と段階を経てからアメリカに行ったからこそ、6年間もアメリカでプレーできたのでしょう。日本とアメリカの野球では違いがたくさんありますが、**「海外だから」とか、「メジャーだから」と考えずに、日本のときと同じような感じで、自分のプレーを全面に出したことがいい結果に結びついた**と思います。

相手を意識しすぎず自分にできることをする

投手の分業化が常識となっていくなか、日本では先発も抑えも経験し、2007年に移籍したボストン・レッドソックスではセットアッパーとして、1年目から3勝5セーブ27ホールドという好成績を残した岡島。ビジネスにおいても、ライバルを必要以上に意識するのではなく、岡島のように自分にできる仕事をしっかりとすることが大切だ。

第２章

大きな壁にぶつかったら

無理に合わせようとしない

PROFILE

森本稀哲（もりもとひちょり）元プロ野球選手。1981年東京都生まれ。帝京高校３年生のとき、主将・遊撃手として甲子園に出場。1998年にドラフト４位で日本ハムに入団。2006年日本シリーズにて最高打率を記録し優秀選手賞を受賞、チームを日本一へと導く。その後DeNA、西武へ移籍。2015年現役引退後、野球解説者として活動している。

野球

3年連続ゴールデングラブ賞受賞

森本 稀哲

バスケットボール
中野 雛菜

Q

若きアスリートからの質問

試合中にチームメイトの息が合わないときがあるんですが、チーム全員の息を合わせるためのコツがあれば教えてください。

東海大学付属相模高校バスケットボール部でセンターを務める中野雛菜は、次代の日本バスケットボール界を担う有望選手。U18日本代表にも選ばれた彼女が頭を悩ませているのは、「チームのまとめ方」だ。

Profile

中野雛菜（なかのひな）バスケットボール選手。2002年神奈川県生まれ。身長180cm。東海大学付属相模高校。2019年、U18日本代表チームに2年連続選出され、日・韓・中ジュニア交流競技会に出場した。

野球
森本 稀哲

A

レジェンドからの金言

無理に合わせようとしない

野球という競技では、ピッチャーとキャッチャーのバッテリー以外は、息を合わせる必要はあまりありません。プロ野球で外野手だった僕は、**いつも自分のプレーに集中するようにしていました。**

もちろん、チームスポーツでは、チーム全員が一つになることは重要ですよね。でも、

無理に合わせようとしない。これが一番じゃないかと僕は思います。

「息を合わせなきゃ」と思えば思うほど、みんながバラバラになること、ありませんか？

本当に意識しなくちゃいけないのは対戦相手なのに、味方のことばかり気にしていては、しっかりと戦うことができない。「いいところを見せよう」と焦っているチームメイトがいたら、「自分らしいプレーを思い切ってやってくれ」と、僕は言うようにしていました。

もしそれでミスをしてしまっても、そのときは許します。

仲間に無理に合わせようとしないで、自分の長所を出してほしい。普段からそれぞれがそういうプレーをしていれば、自然とチームに信頼が生まれるはずです。

みんなでまとまるために大事なのは
それぞれが自分の仕事をすること

「みんなで一丸となって！」と言い合っても、なかなかチームがまとまることは難しい。

これは、ビジネスの現場でも同じこと。会社では、自分の部署やプロジェクトチームの中で、もめごとが起こったり、人の意見がぶつかったり……。そこで、無理に合わせようとしても、一つにはなれない。大事なのは、それぞれがきちんと自分の働きをすること。そうすれば信頼が生まれ、チームにまとまりが出てくる。

第2章

大きな壁にぶつかったら

技を自分のものにする

PROFILE

鈴木明子（すずきあきこ）元フィギュアスケート選手。1985年愛知県生まれ。6歳からスケートを始め、2009年グランプリシリーズで初優勝、2011年にはファイナルで銀メダル獲得。バンクーバー・ソチ五輪2大会連続で8位入賞。27歳での世界選手権銅メダル、28歳での全日本優勝は最年長記録。現在はプロフィギュアスケーター、振付師や解説者として活動。

フィギュアスケート

２０１２世界選手権　女子シングル　銅メダル

鈴木　明子

新体操
山田 愛乃

若きアスリートからの質問

シニアになって演技構成が変わり、技に意識をとられてしまうことがあります。表現に意識をもっていくにはどうしたらいいですか？

Profile

山田愛乃（やまだあいの）新体操選手。イオン新体操クラブ所属。2003年千葉県生まれ。167cmの身長を活かした、ダイナミックな演技が特徴。各年代別カテゴリーで全国大会を制覇し、2019年10月にはシニアの全日本選手権で8位入賞。今後の活躍が期待される。

2018年のユースオリンピック、個人総合で8位入賞を果たした新体操の山田愛乃。2019年にシニア（16歳以上）デビューし、東京オリンピックの代表入りを見据えながらさらなる飛躍を目指す彼女は、表現力を伸ばしたいと思っている。

フィギュアスケート
鈴木 明子

レジェンドからの金言

技を自分のものにする

私は子どものころからフィギュアスケートをやってきて、高校生、大学生になるにつれて、同じような経験をしました。**技術にとらわれすぎて、「自分は何がしたいのか」がわからない時期があったんです。**

悩んだ末にたどり着いたのは、**「技術がきちんとあった上で、表現が成り立つ」**ということ。だから、**自信を持って繰り出せるようになるまで練習を積んで、技を自分のものにする**ことを心がけました。

シニアの選手になって、日本のトップや世界と戦うようになった際に大事なことは、**「正しい技を何回できるか」**だと思います。いいものを何回でもできるように、無意識に体が動くレベルまで技を自分に落としこむことができなければいけない。

その上で、**演技に対する理解や、試合本番の感情が乗ることが豊かな表現力につながる**のではないでしょうか？　そのために準備をしっかりとして、技を練り上げ、自分の中で演技を作りあげてほしいと思います。

しっかりと土台を固めた上に個性の花を咲かせよう

「まず自分ができる最大限のことをする。その上で、個性や表現が生きてくる」と、オリンピックで2大会連続入賞を果たした鈴木は言う。ここぞという場面で、100％の力が出せなくても戦えるようなベース（実力）を身につけることは、ビジネスにおいても大切。それが自分独自のワークスタイルを確立するきっかけにもなるだろう。

第2章

大きな壁にぶつかったら

自分なりのルールを作る

PROFILE

石川遼（いしかわりょう）プロゴルファー。1991年埼玉県生まれ。6歳でゴルフを始める。2007年マンシングウェアKSBカップでツアー史上最年少の15歳245日で初優勝。「ハニカミ王子」の愛称で注目を集める。16歳でプロに転向。2009年18歳で史上最年少賞金王に輝く。2019年日本プロゴルフ選手権などで優勝。史上最年少の28歳82日で生涯獲得賞金10億円を突破。

ゴルフ

最年少賞金王記録を持つゴルフ界のプリンス

石川　遼

ゴルフ
岡田 樹花

若きアスリートからの質問

決めておきたかったパットを決められなかったときに、なかなか切り替えができず引きずってしまいます。うまく切り替えられる方法はありますか？

8歳でゴルフを始めた岡田樹花は、いまだ成長過程にある18歳。2019年の全日本女子アマチュアゴルファーズ選手権で見事初優勝を飾った。2020年のプロテスト合格を目指して奮闘している彼女が聞きたいのは、ミスをしたあとの対処法だ。

Profile

岡田樹花（おかだこのは）ゴルファー。2002年兵庫県生まれ。8歳よりゴルフを始める。2019年、16歳にして全日本女子アマチュアゴルファーズ選手権で初優勝。現在は2020年のプロテスト合格を目指し、大会に出場中。

ゴルフ
石川 遼

レジェンドからの金言

自分なりのルールを作る

僕も、同じ悩みを持っています。プロのゴルファーでも、決めておきたいパットが全部入るわけではありません。当然、外してしまうこともある。ミスをしたとき、どうするか。**僕の場合は、その都度きちんとメモを残すようにしています。**例えば、「3ｍのスライスラインを右に外した」と書く。失敗した直後に「どうして外してしまったんだろう」とか

「もっと強く打っておけば」と思うんですが、反省はあとですることに決めています。**その日のラウンドがすべて終わってから、まとめて反省するん**です。

失敗したあとも、次のラウンドがあります。反省よりも、「今やるべきこと」に集中しなくちゃいけないからです。

イーグルのあとでも、ダブルボギーのあとでも、気持ちをゼロの状態にしてから次のプレーをしなくちゃいけない。**ミスをメモしてからいつものルーティンに入るのが僕の〝自分だけの〝ルール。**そうすれば、**ミスを引きずることなく、プレーすることができる**から。

これは僕独自の決め事ですが、それぞれ自分に合ったルールを決めてほしいと思います。

ミスを引きずらないで　すぐに気持ちを切り替える

うまくいくことも失敗もあるのがゴルフというスポーツ。ミスしてしまったときには気持ちを切り替えて、今やるべきことをしっかりやる。これはビジネスの世界でも同じだ。石川が実践する「反省はあとでじっくりする」というような自分のルールを作っておくことで、ミスを引きずらず、すぐに気持ちを切り替えることができるはずだ。

第3章

プレッシャーに打ち勝つには

第3章

プレッシャーに打ち勝つには

集中できるルーティンを作る

PROFILE

伊達公子（だてきみこ）元プロテニスプレーヤー。1970年京都府生まれ。6歳からテニスを始める。高校卒業と同時にプロに転向。日本人選手として初めてWTA世界ランキングトップ10入りを果たす。1995年には4位に。1996年に引退するも、37歳で現役復帰。46歳まで活躍した。現在、ジュニア選手の育成や、テニスコートやスタジオのプロデュースなど多方面で活躍。

テニス

WTA女子シングルスランキング 最高4位

伊達 公子

ウインドサーフィン
池田 拓海

若きアスリートからの質問

大事な大会のときに集中力を高めるための秘訣などを教えてください。

10歳で初めて「波に乗って」以来、ジュニア時代から好成績を残してきたウインドサーフィンの池田拓海。２０１８年にアルゼンチンで開催されたユースオリンピックで8位になるなど、活躍の場を世界に広げる彼が知りたいのは、大きな大会での集中力の高め方だ。

Profile

池田拓海(いけだたくみ)ウインドサーフィン選手。2001年神奈川県生まれ。ジュニア時代から注目され、2018年にはU-17全日本4連覇。同年のユース五輪でも8位入賞を果たす。現在は国内外のレースで活躍し、世界に注目されている。

テニス
伊達 公子

レジェンドからの金言

集中できるルーティンを作る

自分がすごく集中できていたということが、これまでにあったかどうかを、まず確認してください。もしそれがあるのなら、**そのときの自分が何をしたのかを振り返ってほしい。**その際の、自分の行動や状況に何かしらのヒントが隠れているのではないでしょうか。本人がどれだけ意識しているかはわかりませんが、集中するためのルーティンはそういうところにあるものだと思うんです。

大事なのは、**自分にとって集中しやすいルーティンを作る**こと。

私は現役時代、試合までの準備の段階で焦りがあると、緊張しすぎてしまうことがよくありました。当然、集中力が高まらないので、結果もあまりよくなかった。だから事前に、起床時間から試合会場に入る時間、食事やストレッチなどの準備、コートに入るまでにやることをすべて決めていました。**試合当日は時間に余裕を持って行動する。前の日から時間を逆算して動くことで、安心して試合に入ることができた**んです。

もし、これまでに「集中できた」という経験がないのならば、**普段の練習のときに、「自分がどうすれば集中できるか」を見つけ出してほしい。**

何も考えなくても、試合になれば集中できるという選手なんていません。ほとんどの選手が、自分なりにいろいろなことを考えながら、さまざまなパターンを試しながら、自分なりの方法にたどり着くのだと思うんです。

一つひとつをルーティン化させて、自分の習慣にすることが大事。なかなかうまくいかないときには、一つを足してみる。あるいは、一つ引いてみてもいい。そういう作業をしていくことで、自分が試合までに集中するプロセスを知ることができるはずです。

どうすれば集中できるのか？それを分析して習慣化する

アスリートが試合に臨むに当たって、「コートに入るときには右足から」「靴ひもは左から結ぶ」というように、ゲン担ぎのような〝決まり事〟を持つことは多い。例えば、「シャラポワ選手は、絶対にコートラインを踏まなかった」と伊達は言う。一方で、特別なルールを作らないのが伊達自身の流儀だったようだ。

「私の場合、そういうのを一つ作ってしまうと、『右足から入るはずなのに、左足から入っちゃった……どうしよう』と考えてしまうから。だから、一切やらなかった」

試合前、自分の世界に没入するためにイヤホンで音楽を聴く選手は多いのだが、伊達はあえてそれもしなかった。

「音楽を聴いてモチベーションを上げる選手が多かったけど、私の場合はどうしても緊張してしまう。自分の時間を壊されたくないので、人との接点を極力少なくして、なるべく距離を取るようにしていました」

伊達の場合、ルールの代わりに試合までの行程、ルーティンにこだわり、試合の開始時間から逆算して自分の行動をすべてリストアップし、入念な準備を行ったのだ。

自分のルーティンを作ることは、ビジネスの場面でも非常に有効な手段と言えるだろう。

大事な場面では、焦りや緊張などで集中することが難しい人もいる。ただ、「どうすれば集中できるのか」を分析し、習慣化させることで、より良いパフォーマンスを発揮することができるようになるはずだ。

伊達は26歳で一度現役を引退。37歳のときに復帰し、44歳までグランドスラム本戦に出場していた、まさに〝レジェンド〟と言える存在だ。気力や勢いで勝る若手と互角以上に渡り合うためには、自分の力をきちんと発揮するためのルーティンを持っていたことが強みとなった。レジェンドを参考に、普段から自分の行動を分析し、そのヒントを探してみるといいだろう。

一度は引退するも第一線に復帰できたのは、自分の力を引き出せたからだ。

第3章

プレッシャーに打ち勝つには

日々の練習で
トリックを100%に

PROFILE

堀米雄斗（ほりごめゆうと）スケートボーダー。1999年東京都生まれ。父の影響で6歳からスケートボードを始め、高校卒業後に渡米し才能が開花。2018年に世界最高峰のツアー大会SLSで日本人初優勝と3連覇を果たす。2019年にミネアポリスで開催されたX-GAMESも日本人として初優勝。東京五輪での金メダル候補として期待を集めている。

スケートボーダー

世界に認められた次世代スケーター

堀米　雄斗

スケートボード
山脇 青空

Profile

山脇青空(やまわきそら)スケードボード選手。2005年静岡県生まれ。小学高学年でフリースタイルスケートボードに出合う。中学生よりストリートに転向。2018年から拠点をアメリカに移し、さまざまな大会で好成績を残している。

若きアスリートからの質問

私は大きな大会の前になると緊張して震えてしまいます。大きな大会で技を決めるにはどうしたらいいですか?

山脇青空がスケートボードを始めたのは小学2年生のとき。2018年からアメリカに拠点を移し、初めて出場した2018 WHEELS OF FORTUNE 9アドバンスクラスで3位に入った。彼女が世界王者に聞きたかったのは「本番までの心構え」だ。

スケートボード
堀米 雄斗

レジェンドからの金言

日々の練習でトリックを100%に

僕が競技を始めたころ、スケートボードはオリンピック競技ではなかったし、今でも選手たちはそれを目指すという感じではなく、「ストリートがメインでコンテスト(大会)は〝2番目〟」みたいな感じもあります。

だけど、僕が海外で名前を知ってもらえるようになったのは、コンテストがきっかけだったので、これからもコンテストで結果を残していくことは重要だと思っています。

オリンピックのような舞台では、スポーツとして勝ちにこだわった人が金メダルを獲れる確率が高いと思う。だけど、**楽しさを極めた上で金メダルを獲ったスケーターのほうがかっこいいし、リスペクトされる**んじゃないかな。僕の場合、コンテストでは、楽しさ80%、勝負20%みたいな感じですね。

実は、**僕も試合前にはものすごく緊張します。**予選とかはもう、本当に緊張しかないくらい。そのせいで、自分のやりたい技を出すこともできずに、負けちゃったこともあるんです。

とにかく1本目のラン（演技）は緊張がすごくて、足が震える状態なんだけど、1本目が終われば、2本目はラクに滑ることができる。おそらく、これは慣れでしょうね。いろいろな大会に出て、慣れるしかない。

どうしてもコンテストでは緊張してしまって、普段よりもパフォーマンスが落ちてしまう。**だから技を成功させるために大事なのは、やっぱり日々の練習**だと思います。緊張自体はどうしようもないけど、トリック（技）が完璧だったら、コンテストでも勝負ができる。だから、**日々の練習で自分のトリックを100%までもっていくしかない**ですね。

緊張でパフォーマンスが落ちても誰にも負けない武器を磨く

東京オリンピックから新しく競技として採用されるスケートボードは、もともとストリートカルチャーとして世界に広まったため、トップ選手には若手が多い。そんな中でも堀米は、21歳ですでに世界のトップスケーターの地位を確かなものにしている。

6歳からスケートボードを始め、10代前半には国内大会で常に上位にランクイン。2017年にスケートボード世界最高峰の大会である「ストリートリーグ」初参戦で表彰台に上がり、翌2018年には初優勝を果たした。

堀米が世界で注目されるのは、人には負けないトリックがあるからこそ。毎日の練習でその武器を磨き続け、大舞台でそれを確実に〝キメ〟てきた結果、トップスケーターとして活躍できるまでの選手に成長することができたのだ。

「僕もコンテストでは緊張する」

と堀米も語っているが、プレッシャーのかかる場面で緊張するのは誰でも同じ。ビジネスシーンに置き換えた場合でも、大きな商談や案件の成功を左右するプレゼンなどでは、緊張によってパフォーマンスを落としてしまうこともあるだろう。それでも勝利（成功）をつかむためには、〝誰にも負けない〟自分の武器をいかに身につけ、ここぞという場面で発揮できるかが鍵となる。

つまり、自分の武器が何なのかを見極めておくこと。そして大事な場面において最大のパフォーマンスが発揮できるよう、手にした武器を不断に磨き続ける、日々の積み重ねが大切なのである。

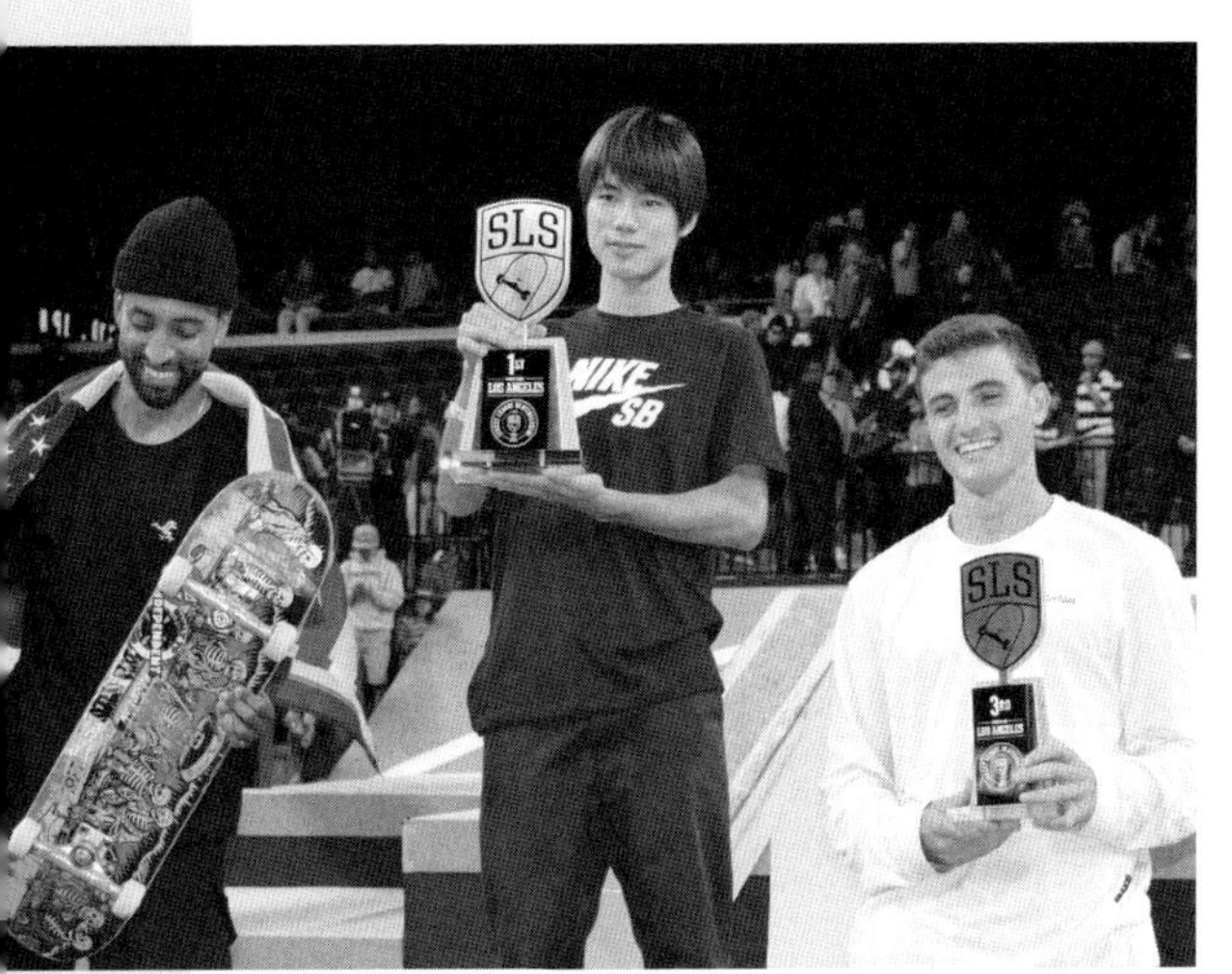

堀米は武器であるトリックを磨くことで、世界で結果を出すことができている。

第3章

プレッシャーに打ち勝つには

プレッシャーをありがたいと感じる

PROFILE

鈴木大地（すずきだいち）元競泳選手。1967年千葉県生まれ。1984年ロサンゼルス五輪に出場。1988年ソウル五輪100m背泳ぎで金メダルを獲得。順天堂大学大学院卒業後、海外留学。順天堂大学で医学博士号を取得し、教授となる。2013年日本水泳連盟会長、日本オリンピック委員会理事に就任。2015年より初代スポーツ庁長官。2017年には国際水泳連盟理事に就任。

水泳

ソウル五輪 男子１００ｍ背泳ぎ 金メダル

鈴木 大地

レスリング
須﨑 優衣

水泳
鈴木 大地

若きアスリートからの質問

オリンピックという大きな舞台では、緊張やプレッシャーがあると思うんですが、その中で金メダルを獲得するにはどうすればいいですか？

父親の影響で小学1年生でレスリングを始め、3年生で全国大会初優勝。2019年の全日本選抜選手権決勝では、リオデジャネイロオリンピック日本代表の登坂絵莉を下して優勝した成長株の彼女が聞きたいのは「プレッシャーの対処法」だ。

Profile

須﨑優衣（すさきゆい）レスリング選手。1999年千葉県生まれ。小学3年生で全国大会初優勝。高校3年生時に出場した2017年の世界選手権で見事優勝を飾り、女子軽量級のエースへと成長した。

レジェンドからの金言

プレッシャーをありがたいと感じる

1988年のソウルオリンピックに出場する前に、〝ミスタープロ野球〟と言われる長嶋茂雄さんに「なぜチャンスに強かったんですか？」と聞いたことがあります。長嶋さんは「プレッシャーのかかる場面に自分がいられることはありがたいことでしょう。プレッシャーに感謝するべきことじゃない？」と言われました。

「金メダルを獲らなければ！」という緊張感やプレッシャーは、味わえない人がほとんどです。だから私も、**大変ありがたいことだと感じることが大事**だと思いました。

オリンピック決勝で入場するとき、「ちゃんと私のことを応援してくれるかな？」と思いながらスタンドを見回したら、たくさんの方が日の丸の旗を振ってくれていました。あの大会は、選手として、本当に楽しませていただきました。

人にはその器に応じた課題があらわれてくると言います。**オリンピックでは大きなプレッシャーがかかりますが、それを自分自身で楽しみながら、乗り越えて**金メダルにたどり着いてほしい。

その場に立てることの幸せや機会を与えてくれた人に感謝

鈴木は自身のオリンピックでの体験を「もちろん緊張もしていたし、足も震えていたんですけど、緊張しながらも状況を楽しめた」と振り返る。仕事においても、規模が大きくなれば期待や責任が増え、緊張やプレッシャーを感じることもあるが、与えられたチャンスに感謝し、その状況を楽しむことで乗り越えることができるだろう。

第3章

プレッシャーに打ち勝つには

冷静になれる時間を作って、自分を分析する

PROFILE

大畑大介（おおはただいすけ）元ラグビー日本代表。1975年大阪府生まれ。9歳よりラグビーを始める。1998年神戸製鋼に入社。日本代表のキャプテンを務めるなど、1999年と2003年のワールドカップに出場。日本史上2人目のワールドラグビー殿堂入り。2011年現役引退後、スポーツキャスターやコメンテーターとして、ラジオやテレビなどに出演。

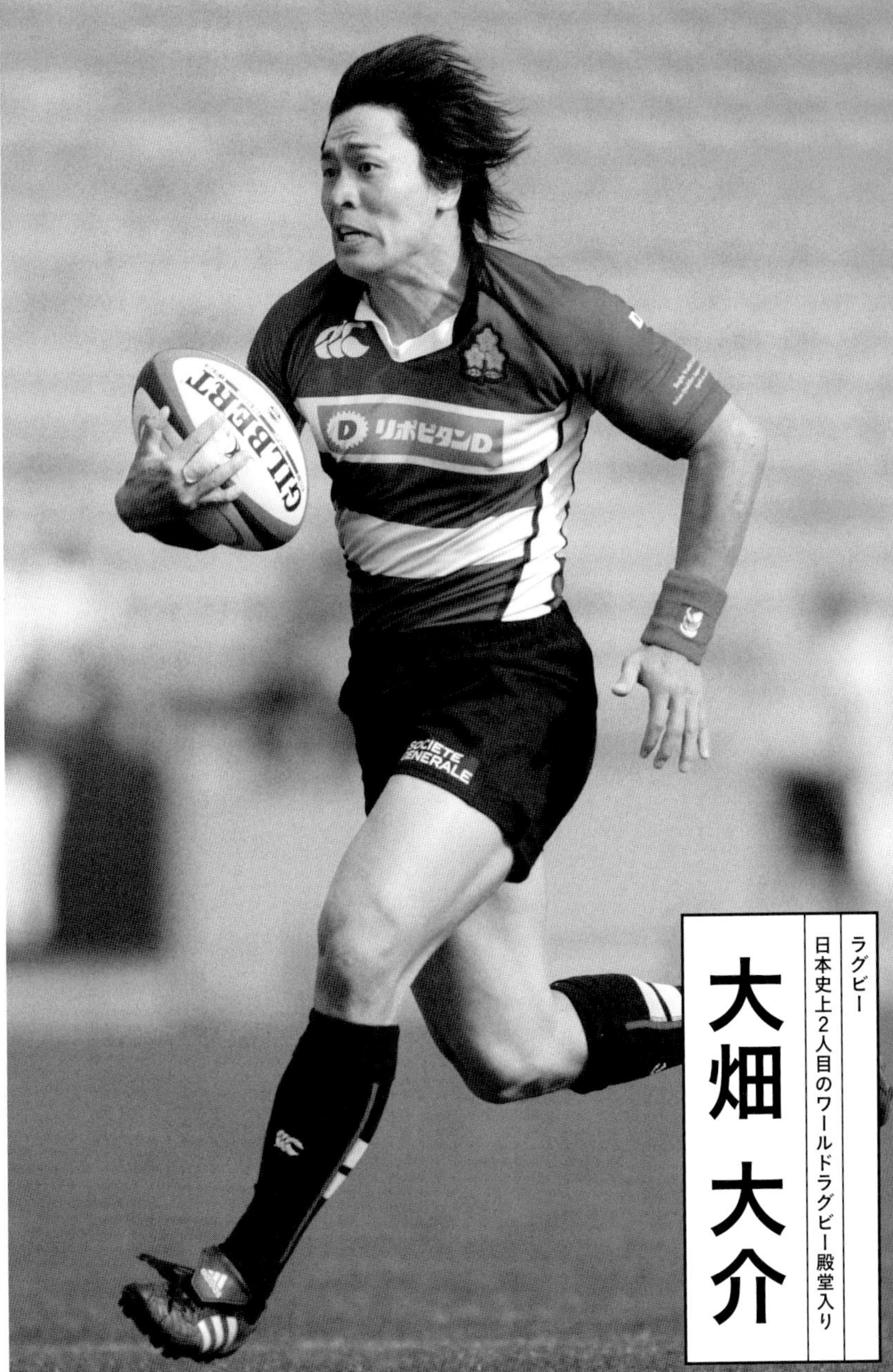

ラグビー

日本史上2人目のワールドラグビー殿堂入り

大畑 大介

空手
宮原 美穂

若きアスリートからの質問

私は試合で負けたあとに引きずってしまうのですが、どのようにして気持ちを切り替えて練習すればいいですか？

東京オリンピック、空手の組手55kg級日本代表に内定した宮原美穂。２０１８年に開催された世界選手権で初優勝を飾った有望株でも、負けることはある。彼女の課題は、負けたあとの気持ちの切り替え方だ。

Profile

宮原美穂（みやはらみほ）
空手選手、帝京大学職員。1996年福岡県生まれ。兄の影響で7歳から空手を始める。2018年世界選手権50kg級で金メダル、同年アジア大会50kg級で銅メダルを獲得。東京五輪の女子55kg級代表に内定した。

ラグビー
大畑 大介

レジェンドからの金言

冷静になれる時間を作って、自分を分析する

僕の場合は試合の結果が悪かったから特別に何かをする、という習慣はありませんでした。勝っても負けても同じようにやっていたのは、お風呂で汗を流しながら、１日のあかを落とすように、その日の反省をしっかりとすること。**いいことがあったときでも、そうでないときでも、次の日に向かって気持ちをリセットする**ようにしていました。

負けたり、悔しいことがあったりしたら特に、自分だけの時間を作って、**少し冷静になって自分自身にベクトルを向けて失敗の分析をする**ようにしていました。**反省すべきところを振り返って、次の練習で課題をつぶすことが大事**だからです。

負けには常に原因があるので、その原因を探っていくことは必要です。**勝ちよりも負け、喜びよりも悔しさが自分を成長させていく上で大きな糧になる**と思う。試合で自分のダメな部分に気づき、悔しさを感じられるのは、まだまだ伸びしろがあるから。

失敗したあとやうまくいかないときに**どれだけあがいたかによって、その選手の価値が決まる。**だから、たくさん悔しい思いをして、あがいてほしいですね。

失敗を引きずるのではなく原因を分析して糧とする

ワールドカップに2度出場し、日本代表として、テストマッチ69トライの世界記録を樹立した大畑だが、覚えているのは自分のいいパフォーマンスよりも、負けたことの悔しさだという。ビジネスにおいても、失敗をただ引きずるのではなく、原因をきちんと分析して反省し、次につなぐための糧とする。そうすることで自分自身が成長できるのだ。

第3章

プレッシャーに打ち勝つには

相手の気持ちになって得意なプレーをさせない

PROFILE

水谷隼（みずたにじゅん）卓球選手。1989年静岡県生まれ。幼少期から全国大会で活躍し、15歳で日本代表に選出。海外リーグなどでプレーする傍ら、2008年には北京五輪に初出場。以降、2012年のロンドン五輪、2016年のリオデジャネイロ五輪と連続で五輪出場を果たし、リオデジャネイロ五輪では日本人初となるシングルスでの銅メダルを獲得した。

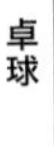

卓球

リオデジャネイロ五輪 男子シングルス 銅メダル

水谷 隼

ボクシング
四宮 菊乃

若きアスリートからの質問

苦手なプレースタイルの人や強い選手との練習・試合が決まったとき、ネガティブになってしまうのですが、普段からポジティブでいるためにはどうすればいいですか？

中学2年でボクシングを始め、16歳でプロライセンスを獲得。17歳1カ月でプロのリングに立った四宮菊乃は、国内女子最年少プロデビューをTKO勝ちで飾った。彼女が知りたいのは「苦手な相手との対戦をポジティブに考える方法」だ。

Profile

四宮菊乃（しのみやきくの）元プロボクサー。2001年神奈川県生まれ。中学2年生でボクシングを始め、2017年にプロテスト合格。2018年に女子高生ボクサーとして史上最年少でプロデビュー。現在は、美容師の道に進んでいる。

卓球
水谷 隼

レジェンドからの金言

相手の気持ちになって得意なプレーをさせない

ネガティブになる一番の要因は、負けることへの恐れだと思います。**必要なのは、「自分は絶対に勝てるんだ」という強い気持ちを持つこと。**自分の気持ちをポジティブに保つためには、**イメージトレーニングがすごく大事**です。対戦相手が決まったら、**相手の映像を見て、「こうやったら勝てる」と何度もイメージしてほしい。**

僕が苦手な選手と対戦するときは、相手の気持ちになって、いろいろなことを考えます。敵は「得意な相手だから絶対に勝たなければいけない」とプレッシャーを感じているはず。だから、いきなり変な動きをしたり、想定と違う攻め方をしたら相手は戸惑うと思うので、僕は初めに相手を混乱させるプレーをするんです。

練習では、「相手はこうしてくるだろうから、こう返球しよう」「この攻めにはカウンターで！」など、いろいろと考えながら練習しています。相手の得意なパターンやプレーは映像を見ればわかるので、その対策を普段の練習から取り入れて、**得意なプレーをさせないように、自分の中で何度も繰り返しイメージすることが大事**です。

どんな相手と戦うときでもチャレンジャーの気持ちで！

長らく日本卓球界をリードしてきた水谷は、強い相手や苦手な相手に立ち向かう大変さをよく知っている。その上で、「どんなときでも、自分がチャレンジャーとして強気で向かっていく」と語る。スポーツに限らずどんな世界でも、地位が上がれば期待もプレッシャーも大きくなるもの。そんななかで結果を出すためには、ライバルや相手のことをよく研究し、準備しておくことが重要だ。

第3章

プレッシャーに打ち勝つには

“力”ではなく“力加減”を意識する

PROFILE

上野由岐子（うえのゆきこ）ソフトボール選手。1982年福岡県生まれ。8歳でソフトボールを始めたころからポジションはピッチャー。1999年、世界ジュニア選手権に最年少16歳で参加し優勝。高校卒業後、日立高崎（現：ビックカメラ女子ソフトボール高崎）に入部。2004年アテネ五輪で銅メダル、2008年北京五輪で2日間3試合、413球を1人で投げ抜き、金メダルを獲得。

ソフトボール

北京五輪 金メダル獲得の立役者

上野　由岐子

ボウリング
坂本 かや

若きアスリートからの質問

勝負どころで力が入りすぎてしまうことがあるのですが、いつも通りの投球をするにはどうしたらいいですか？

史上最年少（16歳3カ月）でプロテストに合格し、プロボウラーに。2018年プロボウリングレディース新人戦で最年少優勝を飾った坂本かやだが、「ここぞ」という場面で力んで失敗してしまうのが最大の悩みだ。

Profile

坂本かや（さかもとかや）
プロボウラー。2000年神奈川県生まれ。10歳からボウリングを始める。15歳で全日本高校ボウリング選手権大会優勝。翌年、16歳3カ月で男女を通して史上最年少プロボウラーに。

ソフトボール
上野 由岐子

レジェンドからの金言

〝力〟ではなく〝力加減〟を意識する

「力んじゃいけない」という考え方を根本的に見つめ直して、**違った捉え方をすれば、「力む」ことがネガティブワードではなくなるんじゃないでしょうか。**

私は長くソフトボールのピッチャーをしていますが、ここ一番の大事な場面ではやっぱり力むし、いいボールを投げたいという気持ちがどうしても出てきちゃいます。でも、私には「力を入れてはいけない」という感覚はありません。力を入れないといいボールは投げられないからです。

逆に力を抜けばいいかというと、そんなことはなくて、**力の抜き方を知っているかどうかがものすごく重要**なのです。力んでしまいそうなときには、**力ではなくて、〝力加減〟が大事**だと自分に言い聞かせながら投げています。

〝力加減〟がわかるまでには、時間もかかるでしょう。さまざまな経験の先に初めて成功が見えてくるので、**たくさん失敗しながら、自分の感覚を研ぎ澄ませる練習を積み重ねていけばいい。**そのうちに、〝力み〟という言葉がなくなるんじゃないかなと思います。

力むことは「悪」ではない
大事な場面では少し力を抜こう

大事な場面で力が入ったり、緊張しすぎたりすることは誰にでもあるが、〝力み〟や〝緊張〟を悪いことだと考えず、それらを自分で調節することで上野は金メダルを獲得した。それはビジネスの現場でも同じこと。大事なプレゼンなどの場で力んだり緊張してしまうときに、客観的に自分の感覚を意識する練習を積んでいけば、コントロールが可能になるはずだ。

第3章

プレッシャーに打ち勝つには

レースをイメージした後、一度〝あきらめる〟

PROFILE

渡部暁斗（わたべあきと）スキー・ノルディック複合選手。1988年長野県生まれ。17歳でトリノ五輪に出場し注目を集める。2009年世界選手権の団体で金メダルを獲得。大学卒業後、北野建設スキー部に所属。2014年ソチ五輪、2018年平昌五輪にて個人ノーマルヒル銀メダルを獲得。2018年、ワールドカップ総合ランキングで個人総合優勝を果たした。

スキー・ノルディック複合

冬季五輪 個人ノーマルヒル2大会連続銀メダル

渡部 暁斗

マウンテンバイク
小林 あか里

若きアスリートからの質問

私は試合直前にレース展開などをあまり考えないようスタートラインに立つようにしていますが、渡部さんはどのような気持ちで臨んでいますか?

母親は、1996年アトランタオリンピックの日本代表になったマウンテンバイク界の先駆者。6歳で競技を始め、2016・2017年には全日本選手権のユース部門で連覇を果たした彼女が聞きたかったのは、「試合に臨むときの気持ちの準備」。

Profile

小林あか里(こばやしあかり)マウンテンバイク選手。2001年長野県生まれ。母・可奈子さんは自転車競技の第一人者。2016・2017年全日本選手権ユース部門で2連覇。翌年、全日本選手権ジュニア部門で優勝。

スキー
渡部 暁斗

レジェンドからの金言

レースをイメージした後、一度〝あきらめる〟

僕がやっているノルディック複合は、ジャンプ競技とクロスカントリー競技の2つで構成されるんですが、ジャンプが終わった瞬間からクロスカントリーが始まるまで頭をフル回転させて、展開を考えていきます。**事前に予想しておくと、対処がスムーズにいって、レースで楽に走れることが多い**ですね。

イメージし終わったあとで、**あえて一度〝あきらめる〟というか、リセットする瞬間を持つ**ようにしています。僕にとっては、いい調整方法だと思っています。

レースが始まったら、どんどん自分が予想していないことが起こってくるので、目の前で起ることに対して、どう対処するかということだけを考えていく。

〝あきらめる〟という言葉は、聞こえが悪いかもしれません。でも僕の中では、いったん、自分の中にあるこだわりをすべて手放すということ。**そうすることによって、やらなきゃいけないことに対して、全力で向き合うことができる。**そういうスイッチになっているんです。

終わったことをいったんは忘れ次のために気持ちを切り替える

異なる種目を続けて行わなければならないノルディック複合という競技で、オリンピックメダリストとなった渡部は、結果にかかわらず、終わったことをいったんは忘れて次に挑む〝切り替えの名人〟と言える。ビジネスにおいても、複数の仕事や案件をこなさなければいけない場面では、渡部の〝あきらめる〟という切り替え方法はとても有効な手段だ。

第３章

プレッシャーに打ち勝つには

何をすべきかを第一に考える

PROFILE

奥原希望（おくはらのぞみ）バドミントン選手。1995年長野県生まれ。学生時代よりアジアユースジャパン、全日本ジュニア選手権、全日本総合選手権、世界ジュニア選手権などの大会で優勝を果たす。2016年リオデジャネイロ五輪にて日本勢初となる女子シングルス銅メダルを獲得。2017年には、世界バドミントンで日本女子シングルス初の金メダルに輝いた。

バドミントン

世界バドミントン 2017 金メダル

奥原 希望

ライフセービング
大矢 幸恵

若きアスリートからの質問

私はビーチフラッグスのスタートの前にすごく緊張してしまいます。レース前の緊張や不安に立ち向かう方法を教えてください。

ビーチフラッグスとはライフセービングの1競技で、浜辺などで複数のプレーヤーが人数より少ない旗を取り合うもの。大矢幸恵は2019年に日本代表の強化指定選手に選ばれ、国際大会で見事3位入賞を果たしている。

Profile

大矢幸恵（おおやゆきえ）ライフセービング選手。2003年新潟県生まれ。2019年国際大会である三洋物産インターナショナルライフセービングカップのビーチフラッグス部門で3位入賞。

バドミントン
奥原 希望

レジェンドからの金言

何をすべきかを第一に考える

陸上競技の短距離とかビーチフラッグスって、ほんの数秒で終わってしまうじゃないですか。スタート位置に立ったら、不安や緊張を感じる前に始まって、あっという間に終わってしまうと思うんです。

大事なレースが数秒で終わってしまうんだったら、「どうしよう、不安だな」とか「私、大丈夫かな？」と考えるよりも、違うことを考えたほうがいいですよね。**その数秒の前に、自分がやるべきこと、それまでにたくさん練習してきて積み上げてきたことを振り返ってほしい。**

緊張は誰もがするものだと思うんです。私だって、緊張しますよ。だけど、「自分が何をしなければいけないのか」に**気持ちを集中させることで、緊張していること自体を忘れることができる**かもしれない。

大事なのは、**相手に勝つために自分と向き合って、自分を信じ切れるかどうか。**自分を信じて、走り切ってほしいですね。

「自分が何をするべきか」に集中すれば余計な緊張を忘れることができる

バドミントンとビーチフラッグスとでは所要時間がまったく違うが、奥原いわく、試合の前にやることは同じで、余計なことを考えず「自分が何をするべきか」に集中すれば、緊張を忘れることができると言う。ビジネスにおいても、プレゼンや商談などの大一番では、自分のするべきことにしっかり集中する。それが緊張せずに成功するための秘訣だ。

第3章

プレッシャーに打ち勝つには

もう一人の自分と会話する

PROFILE

田中理恵（たなかりえ）元体操選手。1987年和歌山県生まれ。体操一家に生まれ、6歳より体操を始める。2010年世界体操にて、最も美しい演技をした選手に贈られる「ロンジン・エレガンス賞」を日本女子で初めて受賞。2012年にはロンドン五輪に出場。現在は東京オリンピック・パラリンピック競技大会組織委員会理事を務め、イベントやテレビなどに出演。

体操

世界体操 日本女子初の「ロンジン・エレガンス賞」

田中 理恵

エアロビック
斉藤 瑞己

Profile

斉藤瑞己（さいとうみずき）エアロビック選手。1996年群馬県生まれ。全日本選手権シングルにて7連覇を達成。2016年世界エアロビック選手権男子シングルでは日本男子初の金メダル。2018年に連覇を果たした。

Q

若きアスリートからの質問

僕は練習で100%に仕上げて、平常心で試合に臨むようにしています。ミスの許されない大舞台の前、どのように気持ちをコントロールしていましたか？

2016・2018年に世界エアロビック選手権男子シングルで連覇を果たした斉藤瑞己。日本の第一人者となった彼は、世界選手権3連覇の先に、エアロビックという競技のさらなる発展、普及を目指している。

体操
田中 理恵

A

レジェンドからの金言

もう一人の自分と会話する

試合でいい結果を残すために、私は日頃から、練習の中で落ち着いて、自分自身と会話するということをずっとやってきました。例えば、平均台の演技を1本通すときに、「落ちたらオリンピックに行けないからね」と、自分に向かって言い聞かせる。そうやって、**もう一人の自分と常に会話をしながら、プレッシャーをかけるようにしていました。**練習の中でも手に汗をかくくらいドキドキしたり、緊張したりする場面を自分で作っていったのです。

そうすることによって、**試合では「同じ場面がきたよ」「これまでたくさん練習したから大丈夫だよ、自信を持って」と、もう一人の自分が言ってくれる**んです。そのおかげで、国際大会でも落ち着いて演技をすることができました。

試合のときや練習でもう一人の自分と会話をすることは、初めのうちは難しくて、「自分で会話するって何？」と思ったこともあります。でも、**それを続けていくうちに、どんなときでも自分をコントロールして試合に臨むことができる**ようになったのです。

自分との対話を続ければ気持ちもコントロールできる

自分のことを一番良く知るのは自分自身である。そのため、常に自分に対してプレッシャーを与えておくことで、田中は練習と本番という状況変化に左右されない演技を身につけたのだ。ビジネスの現場でも、状況変化によって仕事の質が変わるようではダメ。田中のように常に自分と向き合っていくことは、状況に左右されず高いパフォーマンスを発揮するための一つの方法だ。

第3章

プレッシャーに打ち勝つには

1つ1つの試合を大事に

PROFILE

田村優（たむらゆう）ラグビー選手。1989年愛知県生まれ。國學院栃木高校でラグビーを始め、明治大学を経て2011年にトップリーグ・NECグリーンロケッツに入団。2016年にはスーパーラグビーのサンウルブズに参加。2017年からはキヤノンイーグルスで活躍中。正確なパス、キックを武器にワールドカップに2度出場、日本を史上初のベスト8に導いた。

ラグビー

ワールドカップ2019 チーム最多51得点

田村 優

バスケットボール
永田 萌絵

若きアスリートからの質問

東京オリンピックで代表を目指しているんですが、田村選手が代表入りを目指していたときに取り組んでいたことについて教えてください。

高い身体能力を活かしたドライブとボールハンドリングを武器とし、2019年には3人制のバスケットボールのワールドカップで日本の金メダル獲得に貢献した永田萌絵。東京オリンピックでの代表入りを目指す彼女には、いま何が必要なのだろうか?

Profile

永田萌絵（ながたもえ）バスケットボール選手。1997年長崎県生まれ。2018年には日本代表としてアジア大会銅メダル。2019年には3x3 U23ワールドカップに出場し金メダル。2020年、トヨタ自動車アンテロープスに加入した。

ラグビー
田村 優

レジェンドからの金言

1つ1つの試合を大事に

僕自身は、「なにがなんでも日本代表に」と目指していたわけではありません。**目標にしていたのは、まずは自分が所属しているチームで試合に出ること。**試合に出るチャンスをつかんだら、チームの順位が上がるように自分のパフォーマンスを発揮しようと考えていました。そして、**いつも心がけていたのは、1試合1試合を全力でやること。**

遠く（先のこと）ばかりを見過ぎると、目の前のことがうまくいかないことが多い気がするので、**遠くにある大きな目標をあまり見ないように**と考えていました。

自分の近くにある小さな目標を一つひとつ達成することを目指して、試合に負けたり、うまくいかないことがあったりしても、またチャレンジする。その繰り返しでした。

いいパフォーマンスをすれば、日本代表は結果としてついてくる。そういうものだと僕は考えていました。自分の目の前にある試合を一つずつ大事にして、**自分のパフォーマンスを積み重ねることが、結果的には、日本代表への近道になる**のだと思います。

遠くばかりを見るのではなく目の前の仕事に全力を！

大きな目標を持つことはいいことだ。しかし、遠くばかりを見て、足元がおろそかになってはいないか。それよりも、目の前の試合、今の自分の仕事に全力を傾けることが大事だと田村は指摘する。これはビジネスでも言えること。大きい目標ばかり（昇進したい、責任のある仕事を任されたい）を見るのではなく、与えられた仕事を真面目にこなそう。目立たないことでも、きっと誰かが見ている。

第4章

人として成長するには

第4章

人として成長するには

自分たちが目指すものを共有する

PROFILE

廣瀬俊朗（ひろせとしあき）元ラグビー選手。1981年大阪府生まれ。5歳でラグビーを始め、高校日本代表・U19日本代表を歴任。その後、東芝ブレイブルーパスに入団。2007年に日本代表に選出、2012年・2013年とキャプテンを任される。2015年のワールドカップでは南アフリカに歴史的な勝利を収めた。2016年に引退。ドラマ「ノーサイド・ゲーム」に俳優として出演。

ラグビー

ラグビー界を牽引した伝説のキャプテン

廣瀬 俊朗

ラグビー
松本 光貴

ラグビー
廣瀬 俊朗

若きアスリートからの質問

キャプテンをしているのですが、負けている状況でチームの雰囲気が沈んでしまうことがあります。そんなときもう一度、チームが熱を取り戻すには？

高校生ながら20歳以下の日本代表に選ばれ、「ワールドラグビーU20トロフィー2019」ブラジル大会の優勝に貢献した松本光貴。高校・大学・社会人・日本代表でキャプテンを務めてきた廣瀬に聞きたかったのは「チームの士気の高め方」だ。

Profile

松本光貴（まつもとこうき）ラグビー選手。2001年兵庫県生まれ。明大中野八王子高校ラグビー部でキャプテンを務め、2019年に高校生でU20日本代表に選出される。代表では、ケニア戦で4番ロックとして先発出場し勝利に貢献。

レジェンドからの金言

自分たちが目指すものを共有する

チームが劣勢に立たされたとき、自分自身があきらめずに、**最後までやり切るという姿勢を見せて、チームメイトを鼓舞することが必要**だと思います。選手はどうしても、勝つことだけで頭がいっぱいになってしまいますが、相手があることなので勝敗をコントロールすることはできない。**普段から、みんなで「何のためにラグビーをやるのか」「どんな**

存在になりたいか」という目的をはっきりさせておいて、そこにフォーカスしていくのがいいでしょう。

目的がしっかりしている人には覚悟が生まれ、厳しい相手にもひるむことなく戦うことができる。僕がキャプテンとして大事にしていたことは、チームのために頑張ろうと思えるような環境を作っていくこと。そのために、「目的のために頑張ろう」「どういうチームがカッコいいのか」と声をかけ、チームの最終目標に向かって、メンバーそれぞれが考えられるように行動していきました。長期的に目標を伝え続けることで、チームのみんなに浸透して、共通認識とすることができたんです。

もし、「みんなに応援されるチームになる」という目的があれば、負けている試合であきらめてしまう惨めな姿を見せられるはずがない。大差が開いていても、応援してもらえるように踏ん張ることができるでしょう。**具体的な理想像を掲げた上で、それに近づくようなプレーを目指してほしい。**

チームをまとめるキャプテンは、ものすごく悩むと思います。僕もそうでした。ただ長い人生を考えれば、**悩んでいる期間はものすごく貴重**です。不安や課題や悩みをポジティブに捉えて、**自分自身がそれらに打ち勝てば、新しい自分に出会えるはず**です。悩みを克服するたびにカッコいい男に近づいていくのだと思います。

仲間を信じ、リスペクトする勝って喜び合えるチームに

ヘッドコーチがサインを出さないラグビーという競技では、選手個人の判断に委ねられる部分が大きい。だからこそ、普段から目的を共有することが大切なのである。

廣瀬は、日本代表で指揮官だった名将エディー・ジョーンズに「自分がラグビー界で経験した中で、ナンバーワンのキャプテンだ」と言われたほど、キャプテンシーに優れたリーダーだった。

だが、チームに自分の考えを一方的に押しつけるようなことは一切しなかったのだと言う。

「キャプテンだから上から指示するということはなかったですね。一人ひとりに自分で考えてもらうようにしていました。〝自分事〟として、捉えてほしかった。チームの目的がメンバーそれぞれの〝腑に落ちた〟ときに本当の力になるという体験を何度もしてきたので」

短期的に力を発揮するためには、強烈なリーダシップを持つ指導者がトップダウン方式で教え込んだほうがいい。だが、長期的に見れば、自分で考えられる選手のほうが成長すると、廣瀬は考えている。

「僕はバックスの選手なので、スクラムを組んだこともないし組めない。だからフォワードの選手を尊敬しています」

仲間を信じリスペクトする。その上で、試合に勝って喜び合えるチームを目指した廣瀬流チーム作りの考え方は、ビジネスの現場でも役立つはずだ。部署やプロジェクト全体の目標を立てておくことで、成果が出ないときでもチームとしてまとまって、目標の実現に向かってもう一度、戦略を練り直すことができる。そのためにも、リーダーは目標を共有するだけでなく、メンバーそれぞれにしっかり考えさせ、〝自分事〟にさせることが大事なのである。

その歯車がうまくかみ合えば、将来的に必ず結果につながっていくだろう。

廣瀬はチームと目的を共有して、達成したときの喜びを分かち合ってきた。

第４章

人として成長するには

一秒でも全力を出し切る準備

PROFILE

田臥勇太（たぶせゆうた）バスケットボール選手。1980年神奈川県生まれ。中学時代に全国大会に出場、名門・能代工業高校時代には高校総体、国体、全国高校選抜を3年連続で制し9冠を達成。米大学への留学、国内リーグデビューを経て、2003年からNBAに挑戦。2004年にフェニックス・サンズと契約し、日本人初のNBAプレーヤーとなった。宇都宮ブレックス所属。

バスケットボール

日本人初のNBAプレーヤー

田臥 勇太

バスケットボール
藤本 愛妃

若きアスリートからの質問

バスケットボールは限られたプレータイムの中で最大限にパフォーマンスを出すことが大切だと思うのですが、NBA時代には何を考えてコートに立っていましたか？

父は元プロ野球選手、母はオリンピック2度出場のバレーボール元日本代表。女子ユニバーシアードで日本代表としてプレーした藤本愛妃は、日本バスケット界の期待の星だ。彼女が知りたいのは「限られた時間の中で最大限のパフォーマンスを発揮する方法」だ。

Profile

藤本愛妃(ふじもとあき)
バスケットボール選手。1998年徳島県生まれ。元プロ野球選手の藤本俊彦と元バレーボール日本代表の山内美加を両親に持つ。桜花学園から東京医療保健大学に進み、世代別の日本代表にも選ばれている。

バスケットボール
田臥 勇太

レジェンドからの金言

一秒でも全力を出し切る準備

NBAはすべてが新しい挑戦だったので、前に進むしかなかった。そんな状況の中では、目の前のことに当たっていくだけ。余計なことを考えることはなかったですね。

NBAは1シーズンの試合数が多いのですが、選手によって準備の仕方はさまざまでした。**NBAでプレーして感じたのは、力を発揮し続けることの大切さ。**その試合がよくても、次がダメでは意味がない。だから、**コンスタントに自分の力を出し切るための準備を常に意識していました。**

僕に必要だったのは、与えられた瞬間に自分の力を出し切るメンタルとコンディションの準備、プレーの準備。いつどういう状況でコートに呼ばれるかわからない中で、**出場時間がどれだけ短くても、全力を尽くそう**と考えていました。例えば、1秒しかプレー時間が与えられなかったとしても、力を全部出し切ろうと思っていたんです。

結果にこだわるのではなく、結果がついてくるように事前に準備しておくことが大切なのだと思います。

目の前のチャンスを活かすため自分の力を出し切る準備

「コート上だけじゃなくて、朝起きた瞬間から寝るまで、全部がバスケットにつながっている」と田臥は語る。身長173㎝の彼がNBAプレーヤーになれたのは、常にベストを尽くせるように準備をしていたからだ。チャンスはいつ訪れるかわからないし、何回あるかもわからない。スポーツでもビジネスの世界でも、限られたチャンスで確実に自分の力を発揮するためには、準備を怠るわけにはいかないのだ。

第4章

人として成長するには

試合以外に楽しみを見つける

PROFILE

荒川静香（あらかわしずか）フィギュアスケート選手。1981年東京都生まれ。小学生から本格的にフィギュアスケートを始める。1994年より全日本ジュニア選手権で3連覇。1997年シニアに転向。2004年世界選手権にて日本史上3人目の金メダリストとなる。2006年トリノ五輪ではアジア人として女子シングル初の金メダルを獲得した。現在は解説など幅広く活躍中。

フィギュアスケート

トリノ五輪 女子シングル 金メダル

荒川 静香

フィギュアスケート
住吉 りをん

若きアスリートからの質問

大会や試合が続くとき、一つの試合が終わると調子が落ちてしまい、心まで落ち込んでしまいます。心を強く一定に保つにはどのようにしたらいいですか？

２０１６年にフィギュアスケートの全日本ノービス選手権で優勝、２０１８年のジュニアグランプリシリーズ・カナダ大会で3位に入った住吉りをん。２００６年トリノオリンピックで金メダルを獲得した大先輩に「心を強くする方法」を聞く。

Profile

住吉りをん（すみよしりをん）フィギュアスケート選手。2003年東京都生まれ。4歳よりスケートを始める。2016年全日本ノービスにて優勝。2018年にジュニアグランプリシリーズ・カナダ大会で3位となった。

フィギュアスケート
荒川 静香

レジェンドからの金言

試合以外に楽しみを見つける

結果を欲しがって「完璧にやろう」と思い詰めると、結果ばかりに集中力を使ってしまうことになります。フィギュアスケートでは、一つのシーズンにたくさんの試合が組まれていますから、初めから最後まで、いい状態で戦い抜くことは大変です。こなすだけで精一杯ということになるかもしれません。

試合のたびごとに落ち込まないようにする方法は、**「その大会に行けば、おいしいものが食べられる」といった、試合以外の楽しみを見つけること。**

コンディションが落ちているときは、大会が近づくにつれて不安が大きくなります。何か原因があるわけでもないのに、「嫌だな……」と思うこともある。でも、そこで何かしらの楽しみを見つけることができれば、気持ちも上がっていくんじゃないでしょうか。**一つの試合が終わったら、少し肩の力を抜いてリラックスする。スケートを頭から切り離すことも大事**です。気持ちの切り替えをして、自然に身を委ねるというのも一つの方法かもしれません。

気分転換ができるぐらい気持ちの余裕が大切

毎週のように試合で各地を転戦するときでも「おいしいものを食べる」ことをエネルギーにしていたという荒川。万全の準備をした上で非日常を楽しむ余裕が、金メダル獲得にもつながった。ビジネスでも、日々のルーティンワークなど、モチベーションが維持しづらい仕事と向き合うときは、ちょっとした楽しみを見つけることや、気分転換をすることが大切だ。

第4章

人として成長するには

投げたことのない球種で相手に考えさせる

PROFILE

前田健太（まえだけんた）野球選手。1988年大阪府生まれ。PL学園から2006年ドラフト1位で広島東洋カープに入団。2013年WBCでは日本を代表する投手として活躍。2015年メジャー挑戦を表明し、翌年ロサンゼルス・ドジャースに入団。日本人投手初となる2年連続ワールドシリーズ登板など偉業を達成。2020年よりミネソタ・ツインズに移籍し、活躍が期待されている。

野球

メジャーで活躍する沢村賞エース

前田 健太

野球
清水 美佑

若きアスリートからの質問

年間を通して同じ相手と何度も戦うなかで、相手の想像を超えるピッチングをするためにはどのような準備をしていますか？

小学2年生で野球を始め、中学時代から硬式野球チームで男子と同じ練習をこなし、2018年WBSC女子野球ワールドカップには投手として出場。日本の6連覇に貢献した清水美佑が、試合で大事な「駆け引き」をメジャーリーガーに教えてもらう。

Profile

清水美佑（しみずみゆう）野球選手。1998年神奈川県生まれ。埼玉栄高校。2年生時に全国大会を制覇。2018年WBSC女子野球ワールドカップに投手として出場し、前人未到の6連覇に貢献。2020年には西武ライオンズ・レディース入団。

野球
前田 健太

レジェンドからの金言

投げたことのない球種で相手に考えさせる

1年に何度も対戦する相手なら、過去のデータをしっかり取ることが大事ですね。自分がどういうボールで抑えているのか、打たれたのか。そのあたりを踏まえた上で対策を練る。

自分と相手の分析をした上で、さらに上を行くためには、1球だけでもいいから、一度

も投げたことのない球種を放ってみるのもいい。これは、実際に僕が試したことのある方法です。「これまで投げたことのないボールを投げた！」という情報が相手の頭にインプットされれば、それだけでバッターは迷う。無理して同じ球をそのあとに投げなくても、有利に駆け引きを進められるのです。

「想像を超える」ためには、いつも以上に速い球を投げようとする必要はありません。ムチャクチャ遅いスローボールで、想像を下回るのもアリ。相手が想定しないボールを投げさえすれば、それがストライクにならなくても、**相手のバッターがいろいろなことを勝手に考えてくれるようになるはず**です。

いつもと違うやり方や見せ方で相手の「想定」を超えろ！

データ分析が盛んなメジャーリーグにおいて、4年間で47勝6セーブを積み上げてきた前田。この活躍の裏には、力や技だけではない〝相手との駆け引き〟があった。自分自身のスキルアップは、ビジネスパーソンにも求められるもの。上司やクライアントに対して、普段と違う仕事の進め方や提案をして自分の〝振り幅〟を見せることで、新たな一面をアピールすることができるだろう。

第4章

人として成長するには

メンタルを強く持ち、先を見据える

PROFILE

槙野智章（まきのともあき）サッカー選手。1987年広島県生まれ。2006年サンフレッチェ広島のトップチームに昇格後、2010年にはリーグ戦全試合出場を記録。同年オフには独・ブンデスリーグの1.FCケルンへ移籍。2012年に浦和レッズに移籍すると、同年のベストイレブンに選出された。2018年には日本代表としてロシアワールドカップに出場。

サッカー

サムライブルーを支えるムードメーカー

槙野 智章

サッカー
斉藤 光毅

サッカー
槙野 智章

Q

若きアスリートからの質問

近い将来に世界に出て活躍したいと思っているのですが、槙野選手はワールドカップに出て、世界の選手との違いをどのようなところで一番感じましたか？

17歳で横浜FCとプロ契約し、三浦知良との35歳差のコンビが話題になった。2019年FIFA U-20ワールドカップの日本代表メンバーに最年少で選出された斉藤光毅は、日本を飛び出して世界で活躍することを望んでいる。

Profile

斉藤光毅（さいとうこうき）サッカー選手。2001年神奈川県生まれ。5歳よりサッカーを始める。2018年横浜FCとプロ契約を交わす。2019年FIFA U-20ワールドカップの日本代表メンバーに最年少で選出された。

A

レジェンドからの金言

メンタルを強く持ち、先を見据える

ユース世代に限っていえば、世界の選手よりも、日本の選手のほうが実力は上かもしれません。僕が2007年にU-20ワールドカップに日本代表で出たとき、「なんだ、できるじゃん」と、正直思いました。「勝てるじゃん、止められるじゃん」って。でも、**国を背負って戦う覚悟と責任の持ちようは、全然違いました**ね。外国の選手たちが「戦争だ！」

というくらいの気持ちで試合に臨んでいることが伝わってきました。

その大会に出たウルグアイ代表にスアレスとカバーニがいました。日本もウルグアイも決勝トーナメント1回戦で負けましたが、その2人は今、1年に10億も20億も稼ぐ選手になっています。十数年で、僕たちとはとんでもない差が開いてしまった。

その違いは何か？　僕はメンタルだと思います。**もっとうまくなりたい！　強くなりたい！　ビッグクラブに移籍したい！　そういう気持ちが日本人選手よりも強かったんだと**思います。**「世界大会に出たからOK」ではなく、そのさらに先を見据えてプレーしてほしい。**

世界の舞台に立っても「もっと、もっと！」と貪欲に

10代から日本代表に選ばれ、ワールドカップにも出場した槙野でも、世界の第一線で活躍する選手との差を感じている。それは、技術や体の大きさではなくメンタルの部分だ。どんなジャンルでも、第一線で活躍するために必要なのは、現状に満足することなく、「もっと、もっと！」と上を目指すメンタル。明確な目標を見定めて、そこに向かって貪欲に突き進むことが大切だ。

第4章

人として成長するには

結果よりもプロセスを大切にする

PROFILE

五郎丸歩（ごろうまるあゆむ）ラグビー選手。1986年福岡県生まれ。ヤマハ発動機ジュビロ所属。2015年ラグビーワールドカップ南アフリカ戦での歴史的勝利に大きく貢献し、ベストフィフティーン受賞。キック前のルーティンは「五郎丸ポーズ」と呼ばれ話題となった。2016年にはフランスのRCトゥーロンで先発も経験。日本代表テストマッチ最多得点記録保持者。

ラグビー

日本を歴史的勝利に導いた名キッカー

五郎丸 歩

ラグビー
齋藤 直人

若きアスリートからの質問

自分はゴールキックを連続で外したとき迷いが出てしまいます。五郎丸さんは連続で外したとき、何を考えていますか？

早稲田大学ラグビー部でキャプテンを務め、2018年には大学生で唯一、日本代表候補に選出された齋藤直人（現・サントリーサンゴリアス所属）。大学の先輩で、同じゴールキッカーの元日本代表・五郎丸に聞きたいのは、「失敗したあとの心構え」だ。

Profile

齋藤直人（さいとうなおと）ラグビー選手。1997年神奈川県生まれ。早稲田大学で大学選手権11シーズンぶりの優勝に貢献。3年生時には学生で唯一日本代表候補に選出された。2020年よりサントリーサンゴリアスに加入。

ラグビー
五郎丸 歩

レジェンドからの金言

結果よりもプロセスを大切にする

まずやるべきことは、マインドセット。マインドを"0"にリセットすることですね。ゴールキックが入ったとか、入らなかったとかいうこと、前のキックのことは完全に忘れることが一番大事です。キックのことばかり考えていたらプレーに影響するし、いいことなんて何もない。

大切なのは、結果よりも、それまでのプロセスをどうするかということ。週末に試合があるのであれば、月曜日から金曜日まで、自分がどういうルーティンを持ってトレーニングするのか。そのプロセスを曖昧にしていると、「あのとき、練習に身が入ってなかったから」「もっとやっとけばよかった」とか、いろいろな後悔の念が湧いてくる。**そうならないために、自分がやれることをしっかりとやっておくことが重要**だと思います。

過去というのは、変えることができません。**大事なのは、「自分の手で未来をどう変えるか」なのです。**

失敗しても成功しても いつもと同じことをしっかりやる

五郎丸はいつも同じルーティンで、キックの練習をする。「どれだけ外しても、試合で入らなくても、同じ練習をしていく」と決めている。最高のパフォーマンスをするために重要なのは、目の前の仕事をしっかり行う日々のプロセス。そこにフォーカスすれば、何かで失敗してしまっても、すぐに次の課題に向かうことができる。

第4章

人として成長するには

思ったことをその場でちゃんと伝える

PROFILE

小椋久美子（おぐらくみこ）元バドミントン選手。1983年三重県生まれ。姉の影響で8歳よりバドミントンを始める。2000年全国高校総体でダブルス準優勝、2001年全国高校選抜でシングルス準優勝。三洋電機入社後の2002年全日本総合選手権シングルスで優勝。ダブルスに転向後、2008年北京五輪で5位入賞。同年には全日本総合選手権で5連覇を達成した。

バドミントン

全日本総合選手権　ダブルス5連覇

小椋　久美子

馬場馬術
神村 ひより

若きアスリートからの質問

馬術という競技では、馬と息を合わせることが必要なのですが、小椋さんはどのようにしてペアを組む選手と息を合わせていましたか？

20m×60mのアリーナの中で人馬一体の演技を行うのが馬場馬術。さまざまなステップを踏みながら、図形を描き、美しさや正確性を競う。6歳で馬術を始め、全日本ジュニアで5連勝を果たした神村ひよりは、馬とさらなる信頼関係を築こうとしている。

Profile

神村ひより（じんむらひより）馬場馬術選手。2000年東京都生まれ。アイリッシュアラン乗馬学校所属。6歳より競技を始める。2015年より、全日本ジュニアで5連勝を果たす。

バドミントン
小椋 久美子

レジェンドからの金言

思ったことをその場でちゃんと伝える

私が潮田玲子選手と正式にペアを組んだのは社会人1年目、19歳のときです。初めは試合中に衝突してしまうことも……。そこで、自分の気持ちを伝えるときは「こうしたいけど、どうかな？」と押し付けないように伝え、相手が意見を言いやすいように心がけました。

ペアとコミュニケーションを取る中で、**意見を口に出さずに飲み込んで、自分の中で消**

化するのはよくないと感じていました。だから、自分が思っていることをちゃんと伝え、「2人で上がっていこう」とよく話をしました。

試合中にラリーが終わってプレーが止まったとき、自分が感じたことを話す。もちろん、練習中はなおさらです。だから、プレーがかみ合わないということはありませんでした。

ペアというのは、相手が不調だったり、うまくいかなかったりしたときに「この子のためにカバーをしよう」とお互いが思うことが大事。そのためには、性格をよく知っておかないといけません。**同じ方向を向いて頑張ること。そして、気付いたことがあればすぐに伝える。**そこでコミュニケーションを取ることが大事だと思います。

思ったことはその場でしっかりと言葉で伝えよう

「もっとこうしてほしい」と思っても、毎日、顔を合わせている仲間に面と向かって口に出すのは難しい。しかし、言葉にすることが大切だと小椋は言う。ビジネスの現場でも、毎日顔を合わせる同僚や上司・部下に対しても、疑問や思ったことをその場で伝えることで、仕事がうまく回るし、相手のことをより理解できるようになるだろう。

第4章

人として成長するには

常に同じ気持ちでプレーする

PROFILE

坂本勇人（さかもとはやと）プロ野球選手。1988年兵庫県生まれ。八戸学院光星高校よりドラフト1位で巨人に入団し、初年度2007年にプロデビュー。以降、ベストナイン、首位打者など数々のタイトルを獲得。2019年に巨人の5年ぶりのリーグ制覇にキャプテンとして貢献した。侍ジャパンにも選出され、WBC、世界野球プレミア12などの世界大会で活躍。

野球

読売巨人軍 第19代主将

坂本 勇人

野球
小林 洸貴

野球
坂本 勇人

若きアスリートからの質問

僕は侍ジャパンでキャプテンをやりましたが、キャプテンとしてチームをまとめる上で何が一番大事ですか？

2019年、野球のBFA U15アジア選手権大会で2大会連続3回目の優勝を飾った日本代表を、キャプテンとしてリードした小林洸貴。26歳のとき、読売巨人軍の第19代主将（キャプテン）になった坂本勇人に「チームのまとめ方」を聞く。

Profile

小林洸貴（こばやしひろき）野球選手。2004年千葉県生まれ。2019年に習志野市立第一中学校で全国大会に出場。同年には外野手としてU-15侍ジャパンに選出されBFA U15アジア選手権に出場。主将としてチームの優勝に貢献。

レジェンドからの金言

常に同じ気持ちでプレーする

僕は2015年から、読売巨人軍のキャプテンを6年間やらせてもらっていますが、何が一番大事なのかというのはわかりません。いまだに考えさせられるところが多くて、答えるのがすごく難しい。

長いシーズンを戦っていると、どうしてもチームが勝てない時期があります。どうすればいいのかを、キャプテンをやるまでは深く考えていませんでした。だけど、今はいろいろと頭を悩ませています。

もちろん、**キャプテンマークをつけている以上、チームが勝てないからといって投げやりになることは許されない。**逃げることはできません。多少の喜怒哀楽は出てしまいますけど、自分の結果が出なくても暗い顔をしたり、イライラしたりするところはチームメイトに見せないようにしています。

いいときも悪いときも、常に同じ気持ちでプレーするところを見せよう。僕はキャプテンとして、そう心がけています。

苦しいときがリーダーの出番
チームメイトを背中で引っ張る

チームが苦しいとき、うまくいかないときにこそ、リーダーの資質が試される。仲間がその背中をじっと見ているからだ。ビジネスの現場でもそう。課長、部長など役職を担う人が目の前のことに一喜一憂することなく、坂本のように常に冷静な行動を心がけることで、部下やメンバーは落ち着いていい仕事をすることができるのだ。

第4章

人として成長するには

練習に1個1個の喜びを見つける

PROFILE

桐生祥秀（きりゅうよしひで）陸上選手。1995年滋賀県生まれ。中学校で陸上を始め、全国大会で活躍。高校3年生で当時のジュニア世界記録に並ぶ、10秒01をマーク。東洋大学入学後、リオデジャネイロ五輪に出場し、男子4×100mリレーでアジア新記録で銀メダルを獲得。2017年の日本学生選手権100m決勝で、日本選手初となる9秒台(9秒98)を記録。日本生命所属。

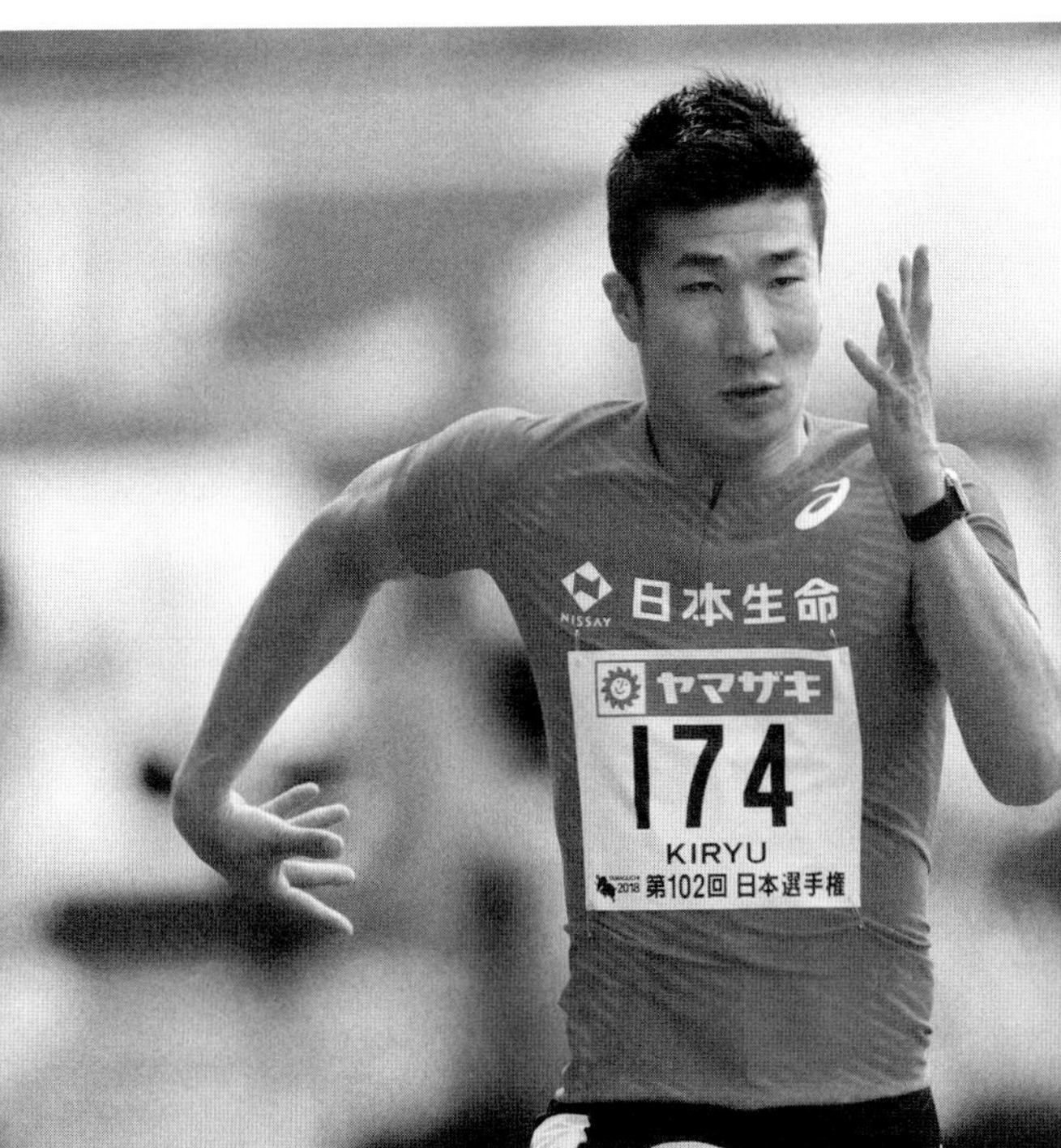

陸上

日本選手初の9秒台スプリンター

桐生 祥秀

スポーツクライミング
菊地 咲希

Profile

菊地咲希（きくちさき）スポーツクライミング選手。2002年東京都生まれ。国内のユース大会で輝かしい成績を残し、2018年のアジア選手権ボルダリングでも3位入賞を果たすなど、クライミング界次世代のエースとして注目される逸材。

若きアスリートからの質問

私は練習にやる気が出ないことがあります。練習に対してうまくモチベーションを上げる方法があれば教えてください。

２０１８年アジア選手権でボルダリング3位に輝くと、２０１９年には世界ユースで3位に入るなど、世界でも結果を残しているスポーツクライミングの菊地咲希。日本代表にも選出される期待の17歳は、モチベーションの上げ方に悩んでいる。

陸上
桐生 祥秀

レジェンドからの金言

練習に1個1個の喜びを見つける

僕自身、**1週間ずっと100%のモチベーションを保っているわけではありません。**でも、学生時代よりも今のほうが、練習に対するモチベーションが高いんです。それはなぜかというと、中高生のときは目標が曖昧で、「このぐらいの練習をすれば、大会では勝てるでしょ」と簡単に考えていた部分があったからです。でも、今は違う。大学3年生で世界大会に出場し、**「9秒台じゃないと決勝には残れない」「練習をしっかりやらないと世界では戦えない」と肌で感じ、わかったから**です。

世界で勝つための練習を続けるために、例えばウエイトトレーニングなら、「もっとこの筋肉を強くしたい」とか「○○kgまで上げよう」と**小さな目標を立てることで、モチベーションを保っています。**

そういうふうに、**1個1個の目標を達成する喜びを見つけることで、練習が楽しみに変わったんです。**それ以来、「今日はあまりモチベーションが上がらないな……」「なんかのらないな……」という日はなくなりました。

課題を一つずつクリアして達成感をモチベーションに変える

日本選手として初めて、男子100mで10秒台の壁を突破した桐生は、「目標をしっかり定めたら、モチベーションは自然に上がっていくはず」と語る。自身の課題を乗り越えたいときは、現状を打破するための計画を立て、一つひとつクリアしていくのもいいだろう。達成感を得ることでモチベーションは上がり、それが活力となるはずだ。

第 4 章

人として成長するには

〝歓喜の瞬間〟までイメージする

PROFILE

山﨑康晃（やまさきやすあき）プロ野球選手。1992年東京都生まれ。帝京高等学校、亜細亜大学を経て、2014年ドラフト1位でDeNAに入団。1年目から抑え投手として37セーブの新人最多記録、新人王にも輝いた。2018・2019年にはセ・リーグ最多セーブ投手に。2019年世界野球プレミア12では世界一に貢献。ニックネームは「ハマの小さな大魔神」。

野球

記録を塗り替え続ける日本の守護神

山﨑 康晃

アーチェリー
武藤 弘樹

若きアスリートからの質問

何度も国際大会に出て経験を積んできたのですが、まだ最後まで勝ち抜くイメージができません。どうすれば最後まで勝ち抜くイメージを持てますか？

中学1年生でアーチェリーを始めた武藤弘樹。高校時代から日本代表として世界選手権に出場するなど、日本アーチェリー界のエースとして活躍する。彼は、集中力とメンタルコントロールが求められる競技で、オリンピックの金メダルを目指しているのだが……。

Profile

武藤弘樹（むとうひろき）アーチェリー選手。1997年愛知県生まれ。中学3年生時に全日本キャデット選手権で7位入賞を果たし、高校1年生で世界ユースに出場。高校生で日本代表にも選出され、現在では東京五輪での金メダル獲得を目指す。

野球
山﨑 康晃

レジェンドからの金言

〝歓喜の瞬間〟までイメージする

僕はプロになってからずっと、**試合ではいいイメージを持ち続けることを意識しています。**でも、結果を求められすぎて、焦ることもある。そんなときには、**一度気持ちを落ち着かせて、スタジアムの声援を力に変えるように心がけています。**

僕は、試合の終盤に登板する「抑え」を任されていますが、最後を締めるポジションなので、相手バッターを抑えて仲間とハイタッチし、ベンチに戻る歓喜の瞬間をいつもイメージするようにしています。

大事なのは、成功したいいイメージを頭に浮かべること。勝つことだけを漠然とイメージしてしまうと、いろんな方向に気持ちが向いて集中できない。僕は抑えなので、「試合をどういうふうに終わらせるか」をイメージする。試合後にウイニングボールを勝利投手に渡すまでのシーンを、頭に思い浮かべて投げます。

自分が勝ってガッツポーズする瞬間までをしっかりとイメージして、全力で戦ってほしいですね。

成功までの手順や過程を考えポジティブなイメージを持つ

抑えとして結果を残してきた山﨑は、仕事の終わらせ方を強く意識している。どんなピンチを招いても、最後を締めるのは自分。野球でもビジネスでも、大事なのは自分が取り組む仕事（プロジェクトなど）を成功させるまでの過程を具体的に考え、常にポジティブなイメージを持つことだ。より細かく、具体的にイメージすれば、やるべきことが見えてくる。それができるからこそ、山﨑は活躍できるのである。

リポビタンD presents

Dream Challenger

夢に挑む者たち

Second Stage

— Next Starたちのその後 —

陸上・走幅跳

橋岡 優輝

Looking Back Dream Challenger | 2018/6/9 ON AIR

橋岡優輝からの質問

初めてのオリンピックで精神的支えになっていたものは？

レジェンドから授かった夢への金言

日々、自信を積み重ねる

柔道 野村 忠宏

2017年に18歳で日本選手権を制覇し、東京オリンピックでのメダル獲得が期待される橋岡優輝。前人未到のオリンピック3連覇を達成した柔道・野村忠宏から受けとったのは、大舞台に臨む際に必要となる心の支えについての金言。日々の積み重ねで得た自信、そしてそれを本番に出し切る心の強さが大切だと学んだ。

〝世界で戦う自信〟をつけるための練習をするという覚悟ができた

橋岡は放送後、2019年アジア選手権で優勝。その後も自己記録を大幅更新し、同年の世界選手権では日本人史上初となる8位入賞を果たすなど、確実に進化している。世界で結果を出せるようになった要因について、橋岡はこう語ってくれた。

「2019年シーズンは、練習したことに自信を持って、臆することなく挑むことができました。野村さんのアドバイスは、〝世界で戦う自信〟をつけるための練習をしていこうという決意につながりました」

さらに、世界を相手に戦うことについても、

「世界大会に出場したことも経験になりましたが、アドバイスがあったことで、より一層〝世界で戦う〟ということを意識し、現実的に捉えられるようになりました」

と、練習や経験によって自信がついたことはもちろん、精神面でも大きく成長を遂げることができたようだ。

練習や大会を重ねたことが自信となり、世界で結果を残せる選手へと成長した。

Next Star #02
ハンドボール
渡部 真綾

Looking Back Dream Challenger | 2018/11/17 ON AIR

渡部真綾からの質問

海外の大きな選手に負けずにプレーするためは？

レジェンドから授かった夢への金言

小さいからこそ できることを探す

ハンドボール **宮﨑 大輔**

2018年関東学生ハンドボール春季リーグで、優秀選手賞と得点王に輝き、日本代表としても活躍する渡部真綾。放送では、同じハンドボール選手として、日本代表をはじめ海外リーグでのプレー経験を持つ宮﨑大輔がアドバイス。大きな海外選手を相手にプレーする、日本人選手ならではの戦い方を教わった。

実際にやってみて手応えを感じている

日本国内では大きいほうでも、海外では体の大きい相手に対して自分のプレーが通用しなかったという苦い経験を持つ渡部。放送では宮﨑から〝ボールを持って動く歩数を変える〟〝目線を外す〟などの技術を教わり、

「宮﨑選手のようなプレーはまだできないですが、そういうプレーに近づきたいと思ってやっています。実際の試合でも、教わった技術で相手のマークを外すことに挑戦し、うまくいったときは自分の成長を実感できました」

と、手応えを感じているようだ。

「小さいからこそできるプレーを、自分の中でもっと明確にしながら、宮﨑選手のような強さを持てる選手になりたいと思います」

現在、大学を卒業し実業団（オムロン）へと主戦場を移した渡部は、宮﨑からの金言を実践しながら、さらなる進化を続けている。

宮﨑のようなプレーができるよう、試行錯誤を繰り返しながら練習に励んでいる。

Looking Back Dream Challenger | 2019/2/23 ON AIR

伊波蘭からの質問

ソフトボールで一番大切にしていることは？

レジェンドから授かった夢への金言

感覚を大切にし ベストなプレーを引き出す

ソフトボール **上野 由岐子**

中学時代に全国ベスト8を経験し、U14、U16と年代別日本代表でも活躍するソフトボール選手の伊波蘭は、北京オリンピック金メダリストの上野由岐子から競技に取り組む姿勢を伝授された。「自分の感覚を大切にして練習に取り組んでいってほしい」という後輩への熱きエールを胸に、さらなる成長を誓った。

学んだことを参考にして それを試合で発揮できた

放送後、全国高校女子選抜への切符を手にした伊波（大会は新型コロナウイルスの影響で中止）。ソフトボール界の大先輩である上野のアドバイスに対して、

「今まで自分の体の状態について深く考えたりすることがなく、その日の状態に合わせたプレーをしていましたが、そのときの体にうまく対応していくことが大事だと学びました。上野さんの言葉を参考に、さまざまな打撃フォームを準備して、それを試合で発揮することができてよかったです」

と、自らの成長について語る。上野から学んだことを実践し、それが実際の試合でも活かされているのだという。

さらに、現在の目標を尋ねると、

「日本一のショート。日本一の左バッターになること。それまでは、世代の日本代表で居続ける」

という、大きな野望を語ってくれた。

アドバイスを意識しながら練習を重ね、大事な試合できちんと結果を出した。

Next Star #04

スキー・ノルディック複合

宮﨑 彩音

Looking Back Dream Challenger | 2019/5/11 ON AIR

宮﨑彩音からの質問

ジャンプを飛ぶときに意識していることは？

レジェンドから授かった夢への金言

考えて身につけたことが技術になる

スキー・ノルディック複合 **渡部 暁斗**

2019年のノルディック世界ジュニア選手権優勝をはじめ、2018年にはシニアの大会であるコンチネンタルカップでも優勝した経験を持つ、スキー界のシンデレラガール・宮﨑彩音。同じ競技で活躍する大先輩の渡部暁斗に、ジャンプを飛ぶときに意識することや、試合に臨む際の心構えを学んだ。

競技に臨む姿勢が変わり試合の質が上がった

これまでは、楽しみたいと思う気持ちや、自分の感覚のみでジャンプを飛んでいたという宮崎だが、渡部のアドバイスを受けたことで、

「頭で考えたことを体で発揮できるようにしていきたいと思いました。試合中に自分ができることを1つ2つに絞って意識することで、逆に集中することができて試合の質が上がりました」

と、競技に臨む姿勢が大きく変わったのだという。現在ではジャンプだけでなくクロスカントリーでもレース展開を自分で作れるようになり、試合の内容自体も良くなってきているようだ。

「将来的にはオリンピックでのメダルが目標ですが、今はその目標がさらに明確になってきています」

今後の目標についても、力強くこう答えてくれた宮崎。その成長に期待が高まるばかりだ。

2020年ユース五輪では個人ノーマルヒルで2位になるなど、確実に成長を続けている。

Next Star #05

野球

翠田 広紀

Looking Back Dream Challenger | 2019/11/16 ON AIR

翠田広紀からの質問

プロになるため学生時代に取り組んでいたことは？

レジェンドから授かった夢への金言

“誰にも負けないもの”を持つ

野球 **秋山 翔吾**

日本代表として、BFA U15アジア選手権に出場し、投手として2試合に登板して優勝に貢献した翠田広紀。同世代ではトップクラスの実力を持つ彼だが、プロ野球選手になるという夢の実現に向け、現メジャーリーガーの秋山翔吾から「“自分の武器”になるものを見つけるといい」というアドバイスをもらった。

自分の武器は何なのかを意識して行動している

「秋山選手から金言を受け取ったことで、自分にとっての武器は何だろうと考えるようになり、それを常に意識して行動するようになりました」

放送後の取材で、こう答えてくれた翠田。秋山から授かった金言をしっかりと受け止め、プロ野球選手という大きな夢に向かって歩みはじめているようだ。

また、体力作りの面でもアドバイスを実践しており、「苦手な基礎トレーニングも、積み重ねが必ず自分の力になると信じて取り組んでいます」

と、日々地道な努力を続けている。

翠田の夢は、もちろん変わらずプロ野球選手だが、「秋山選手のような、プレーや言葉で誰かに勇気を与えられる選手になりたい」

という、具体的な目標もできたとのこと。今後のさらなる成長に期待したい。

プロ野球選手への道はまだまだ遠いが、夢の実現のために日々成長中という翠田。

おわりに

まず初めに、数ある中から本書を手に取っていただき、ありがとうございます。テレビ朝日で２０１８年4月から放送中のアスリート応援番組「Dream Challenger ～夢に挑む者たち～」の書籍化である本書は、番組では放送しきれなかった言葉や競技生活での経験、エピソードなど、レジェンドたちが若きアスリートたちに伝えたかったメッセージを余すことなく盛り込んだ贅沢な一冊となりました。

『夢をかなえる教科書 ～トップアスリートに学ぶ39のヒント～』は、夢の実現のために努力するすべての人にとって、前進するためのヒントが見つかる本として制作しました。本書に登場した若きアスリートたちからの「モチベーションを維持するには？」「緊張や不安に立ち向かうには？」といった疑問は、アスリートに限らずどんな人でも経験する悩みです。夢に向かって進んでいく中で行き詰まってしまったとき、背中を押してほしいときには、本書でレジェンドたちの金言に触れてみてください。そのときの気持ちに寄り添ってくれる言葉が見つかり、再び進み出せるはずです。

スポーツを応援する大正製薬とテレビ朝日がタッグを組んでスタートした「Dream Challenger」。スポーツを愛するすべての人のために、番組のみならず、リアルイベントの開催やABEMAでのインターネット番組など、さまざまな形を通じてこれからもエールを送り続けていきます。ぜひ、今後もご期待ください。

本書を制作するに当たり、ご協力いただいたレジェンドの皆様、Next Starの皆様、本書にかかわっていただいたすべての皆様に心から感謝申し上げます。

『夢をかなえる教科書 〜トップアスリートに学ぶ39のヒント〜』制作チーム

本書は、テレビ朝日で放送された番組「Dream Challenger 〜夢に挑む者たち〜」を書籍化するに当たり、番組内容、取材時のインタビューを編集・加筆し、追加取材を行った内容と併せて掲載しております。また、掲載されているアスリートの所属チーム、経歴などは2020年7月時点のものです。

写真協力

藤田 孝夫、長岡 洋幸、時事、Getty Images、Kyodo News/Getty Images、アフロ、アフロスポーツ
AP/アフロ、AFP/アフロ、ロイター/アフロ、UPI/アフロ、日刊スポーツ/アフロ、毎日新聞社/アフロ
読売新聞/アフロ、報知新聞/アフロ、新華社/アフロ、FAR EAST PRESS/アフロ
Osports Photos/アフロ、PRESSE SPORTS/アフロ、ZUMA Press/アフロ、Penta Press/アフロ
Yonhap/アフロ、7044/アフロ、Mary Evans Picture Library/アフロ、築田純/アフロスポーツ
YUTAKA/アフロスポーツ、長田洋平/アフロスポーツ、森田直樹/アフロスポーツ、Golffile/アフロ
picture alliance/アフロ

テレビ朝日「Dream Challenger 〜夢に挑む者たち〜」編

■ 書籍制作チーム

編集	中村 麻由美　四條 智恵　大野 亜希（文化工房）
	安東 渉（EditReal）
構成	元永 知宏
デザイン	中井 俊明（diamond graphica）
DTP	中島 由香　北村 健　角田 恵美（文化工房）
営業	井上 美都絵（文化工房）

■ テレビ朝日「Dream Challenger 〜夢に挑む者たち〜」制作チーム

番組プロデューサー	武田 哲治（テレビ朝日）　渡部 哲朗（文化工房）
アシスタントプロデューサー	脇田 優子（テレビ朝日）
番組営業	山岸 慎太郎（テレビ朝日）
制作協力	笹木 尚人　入江 和寛　猪爪 尚紀（ナインフィールド）
	徳川 博　平野 隆行　斎藤 俊介　伊藤 一平　石井 菖子（ロントラ）
	櫻井 健介　今井 明子（テレビ朝日）
	テレビ朝日スポーツ局

提供	大正製薬株式会社

夢をかなえる教科書
トップアスリートに学ぶ39のヒント

2020年8月17日　第1刷発行

編者	テレビ朝日「Dream Challenger ～夢に挑む者たち～」編
発行人	三雲 薫
編集人	中村 麻由美
発行所	株式会社 文化工房
	〒106-0032 東京都港区六本木5-10-31
電話	03-5770-7114
印刷・製本	図書印刷株式会社

ISBN 978-4-9908284-7-9